काव्य इन्द्रधनु

सम्पादन मण्डल

प्रोफ़ेसर शिवाजी सांगोळे
प्रोफ़ेसर भारती गोरे
प्रोफ़ेसर बळीराम धापसे
प्रोफ़ेसर प्रमोद पाटील
डॉ. भगवान गव्हाड़े
प्रोफ़ेसर आबासाहेब राठोड़
डॉ. सुरेश मुंढे
प्रोफ़ेसर विजय कुमार वैराटे
प्रोफ़ेसर ललिता राठोड़
प्रोफ़ेसर सुनील कुलकर्णी
डॉ. विनोद कुमार वायचळ
डॉ. शेखर घुंगरवार
प्रोफ़ेसर सय्यद शौक़त अली

काव्य इन्द्रधनु

सम्पादक
प्रोफ़ेसर शिवाजी सांगोळे
प्रोफ़ेसर ललिता राठोड़
प्रोफ़ेसर सुनील कुलकर्णी
डॉ. सुरेश मुंढे

वाणी प्रकाशन

वाणी प्रकाशन

4695, 21-ए, दरियागंज, नयी दिल्ली 110 002

फ़ोन : +91 11 23273167 फ़ैक्स : +91 11 23275710

शाखाएँ

अशोक राजपथ, पटना 800 004, बिहार

कॉफ़ी हाउस कैम्पस, महात्मा गांधी मार्ग, इलाहाबाद 211 001, उत्तर प्रदेश

महात्मा गांधी अन्तरराष्ट्रीय हिन्दी विश्वविद्यालय, वर्धा 442 001, महाराष्ट्र

www.vaniprakashan.com
marketing@vaniprakashan.in
sales@vaniprakashan.in

KAVYA INDRADHANU
Editor : Prof. Shivaji Sangole
Prof. Lalita Rathor
Prof. Sunil Kulkarni
Dr. Suresh Mundhe

ISBN : 978-93-5229-911-9

© सुरक्षित

प्रथम संस्करण 2022

मूल्य : ₹80

इस पुस्तक के किसी भी अंश को किसी भी माध्यम में प्रयोग करने के लिए प्रकाशक से लिखित अनुमति लेना अनिवार्य है।

आर. टेक ऑफ़सेट प्रिंटर्स, दिल्ली-110 032 में मुद्रित

वाणी प्रकाशन का लोगो मक़बूल फ़िदा हुसेन की कूची से

अनुक्रमणिका

भूमिका

हिन्दी कविता का विकास

सम्राट हर्षवर्धन की मृत्यु के बाद, पाल, गुर्जर, प्रतिहार और राष्ट्रकूटों के त्रिकोणात्मक संघर्ष, एक केन्द्रीयता के स्थान पर बहुकेन्द्रीयता का विकास आदि उस परिदृश्य का निर्माण करते हैं जिनमें से अनेक भाषाओं और बोलियों की अपनी स्वतन्त्र सत्ता के विकास के साथ ऐसे अनेक समान तत्त्वों का भी विकास होता है जो विविधता में एकता का सूत्र विकसित करती है जिससे भाषा, कला और संस्कृति का एक तान प्रवाह निर्मित होता है, जो भाषाओं के वैविध्य के बावजूद उनकी संरचना को एक बनाये रखता है। हिन्दी भाषा-भाषी समूह की बनावट में भी यही तत्त्व निहित है। प्रत्येक समाज या समूह अपनी निजता, विश्वास और पहचान को बनाये रखता है और अन्ततः सामाजिक तत्त्वों का भी निर्माण करता चलता है। तद्‌भवीकरण और तत्समीकरण की दोहरी प्रक्रियाओं से विकासमान इस हिन्दी क्षेत्र में साहित्य और संस्कृति का विकास हुआ है।

हिन्दी साहित्य के प्रतिष्ठित इतिहासकार और आलोचक आचार्य रामचन्द्र शुक्ल ने साहित्य को जनता की चित्तवृत्तियों का संचित प्रतिबिम्ब मानकर किसी विशेष समय में लोगों में रुचि विशेष का संचार और पोषण किधर से और किस प्रकार हुआ है, इसके आधार पर कालक्रमिक दृष्टि से साहित्य के इतिहास को चार कालों में विभक्त किया है। यही चार काल मूलतः हिन्दी कविता के इतिहास के भी काल हैं–

वीरगाथा काल	(993 ई. से 1322 ई. तक)
भक्तिकाल	(1322 ई. से 1743 इ. तक)
रीति काल	(1743 ई. से 1843 ई. तक)
आधुनिक काल	(1843 ई. से 1927 ई. तक–आज तक)

वीरगाथा काल

शुक्ल जी को आधार मानकर देखने पर यह कहा जा सकता है कि शुक्ल जी ने शिष्ट और सभ्य लोगों को ध्यान में रखकर लोकप्रियता और सजग भाषा विधान के आधार पर धार्मिक कर्मकाण्ड और रहस्य भावना के बजाय अनुभूति के भाषिक विधान, चरित्रों द्वारा शौर्य, प्रेम, वीरता, लौकिकता और मर्यादाओं की रक्षा को वीरगाथा काल की कविताओं का प्रमुख आधार माना है। इस काल के जैन, सिद्ध, नाथपन्थी साधुओं की कर्मकाण्डीय रूढ़ अभिव्यक्तियों में उपदेशात्मकता और प्रचारात्मकता के बावजूद कुछ कविताएँ ऐसी हैं, जो रचनाकारों के आन्तरिक और बाह्य संघर्ष को व्यक्त करती हैं। सामन्ती व्यवस्था के अन्तर्गत उसके प्रमुख सोपानात्मक आधार वर्णव्यवस्था से विकसित जाति व्यवस्था, छूत-अछूत प्रथा, ऊँच-नीच आदि से उत्पन्न आक्रोश, दोनों के प्रति ईश्वर की अविकल्पता आदि की अक्खड़ और भावुक अभिव्यक्तियाँ जहाँ एक ओर हिन्दी कविता के विद्रोही और लोकोन्मुखी चेतना का विकास करती हैं, जिसके अप्रस्तुत विधान विशेषतः उपमा, रूपक, विरोध, असंगति आदि समाज के निचले स्तर पर प्रयुक्त मुहावरे से लिये गये हैं, वहीं दूसरी ओर रासो और रास काव्य परम्परा का साहित्य मिलता है जिसमें एक का सम्बन्ध वीर और शृंगार प्रधान चरित्र केन्द्रित प्रबन्ध काव्य परम्परा से है, जिसकी रूढ़ियाँ संस्कृत, प्राकृत और अपभ्रंश काव्यों की रूढ़ियों से बँधी हुई हैं और जिसका उद्देश्य सामन्ती व्यवस्था के संस्कृति तन्त्र को फैलाते जाना या कम से कम स्थिर किये रखना तथा श्रोता या पाठक को अध्यात्म या शृंगार की रससिक्त रचनाओं से आनन्द प्रदान करना है ताकि वह अपनी व्यक्तिगत सत्ता को नितान्त अमूर्त या कल्पित अथवा प्रदत्त मूर्त सत्ता में डुबो सके। इस परम्परा का प्रसिद्ध काव्य ग्रन्थ पृथ्वीराज रासो है, यद्यपि वह अप्रमाणित है। इसकी परम्परा भी आधुनिक काल तक वर्णन की एक शैली के रूप में मिलती है, दूसरी परम्परा रास ग्रन्थों की है जिसमें रानियों की सामान्य स्त्री की तरह पति के वियोग में तीव्र प्रेमानुभूति और कामजन्य अनुभव की अतृप्ति से व्याकुल दिखाया गया है।

इस प्रकार की कविताओं में लोकगीतों की रूढ़ियाँ, अभिव्यक्तियों और शैलियों का प्रयोग करते हुए कवियों ने विशेष और असामान्य को प्रायः सबकी वेदना और विरहानुभूति के रूप में वर्णित किया। इस प्रकार के वर्णन में ऊँच-नीच, राजा रानी के सारे भेद समाप्त हो जाते हैं और विशुद्ध प्रेमानुभूति मात्र रह जाती है। सन्देश या दूत काव्यों की परम्परा पर नरपति नाल्ह कृत 'बीसलदेव रास'

और अब्दुल रहमान कृत 'सन्देश रासक' ऐसे ही काव्य ग्रन्थ हैं। इसी काल के अन्त और भक्तिकाल के प्रारम्भ में विद्यापति और अमीर खुसरो की कविताएँ मिलती हैं जिनका उद्देश्य संसार के सभी मध्ययुगीन काव्यों की तरह कठोर आचार संहिता के उस युग में धर्म, काम, नीति और राजस्तुति की अभिव्यक्ति रही है। वस्तुतः विद्यापति और अमीर खुसरो हिन्दी काव्य भाषा के विकास की दृष्टि से एक अर्थ में हिन्दी कविता के आदि पूर्वज या प्रजापति हैं। विद्यापति की पदावली में कृष्ण-राधा तथा राजा और रानी के प्रेम काम और अध्यात्म की दोहरी अभिव्यक्तियाँ मिलती हैं, जो कविता और अपने समय के प्रति सजगता का प्रमाण है। अमीर खुसरो ने खड़ी बोली का अपनी मुकरियों और कव्वालियों में न केवल प्रयोग किया, बल्कि फारसी काव्य से भावित करके एक नयी शैली भी विकसित की जो भक्तिकाल के कवियों में मिलती है—कुतुबन, मंझन और जायसी के अलावा रसखान, रहीम, बिहारी और घनानन्द में इस परम्परा का प्रभाव मिलता है।

भक्तिकाल

किसी भी देश का काव्य विदेशी भाषा और साहित्य के दबाव में खासकर प्रतिद्वन्द्विता के युग में एक चुनौती के रूप में अनेक नवीन कला रूपों और अभिव्यक्तियों का विकास करता है। हिन्दू और मुसलमानों के आपसी सम्पर्क से भक्तिकाल में समाजशील धाराएँ विकसित हुईं। भक्ति का उदय अपने आप में जहाँ एक ओर सामन्ती व्यवस्था के सोपानात्मक आधार को मनुष्य मात्र की समानता, सहज साधना और प्रेम से ही मनुष्य ईश्वर को प्राप्त कर सकता है, नाम साधना आदि सिद्धान्तों से चुनौती दी गयी और दूसरी ओर हिन्दुओं और मुसलमानों की सामान्य बुराइयों को भी जो विभेदात्मक थीं, चुनौती दी गयी। इस काल में दो प्रकार की कविताएँ मिलती हैं। एक प्रकार के कवियों का उल्लेख आईने अकबरी आदि के अन्त में मिलता है जो प्रायः दरबारों से सम्बद्ध थे और दरबार की रूढ़ियाँ और श्रोताओं का मनोरंजन करने के उद्देश्य से लिखते थे। आश्रयदाता की प्रशस्ति वीरता और साहस का वर्णन, शृंगारिकता, कलात्मकता और द्वयर्थकता इस प्रकार की कविताओं का गुण है।

दूसरे प्रकार के कवि धार्मिक सम्प्रदायों और विश्वासों के आधार पर अपने अन्तःकरण के सुख और विस्तार आत्मानुभूति की अभिव्यक्ति तथा सामाजिक बुराइयों के सुधार के लिए लिखी गयी हैं जो एक प्रकार से लोक जागरण की कविताएँ भी थीं। भक्तिकाल की सभी हिन्दी कविताएँ प्रायः इसी कोटि की हैं।

मोटे तौर पर इतिहासकारों ने ईश्वर के निराकार और साकार रूप को केन्द्र में रखकर प्रेम और ज्ञान के प्रस्थान मार्ग को आधार मानकर निर्गुण परम्परा से सम्बद्ध कविताओं को प्रेम और ज्ञान की ओर झुकाव के आधार पर प्रेममार्गी और ज्ञानमार्गी यानी सूफी साहित्य और सन्त साहित्य का विभाजन किया है। साकार ईश्वर या अवतारवाद की धारणा को केन्द्र में रखकर राम और कृष्ण के आधार पर भी कविताओं का वर्गीकरण किया गया है। यह विभाजन मूलतः वर्णन विषयों के आधार पर किये गये हैं। इन्हें कबीर युग, जायसी युग, सूर युग और तुलसी युग भी कहा जा सकता है। साहित्य की दृष्टि से यह उपयुक्त ही होगा।

कबीर, सूर, तुलसी, जायसी और मीरा इस युग के ऐसे कवि हैं जिन्होंने हिन्दी कविता को व्यापक मानवीय आधार और आत्मविश्वास के साथ एक प्रकार का तेवर प्रदान किया तथा दूसरी ओर विभिन्न बोलियों से शब्दों, रुचियों और संवेदनाओं को ग्रहण कर उस युग के मुहावरे के भीतर अवधी और ब्रज को काव्यभाषा के रूप में न केवल विकसित किया, बल्कि उसे संगठित किया। संस्कृत और फारसी भाषा के स्थान पर 'भाखा' को अभिव्यक्ति का माध्यम बनाया, दूसरों के सुख के स्थान पर 'स्वान्तः सुखाय' को कविता का प्रयोजन माना। इस कारण कविता में लोक जीवन के विविध छन्दों, शैलियों और संवेदनों का प्रयोग हुआ जो पहले वर्जित था। सार्वदेशिक समकालीनता का विकास और अपने समय को परिभाषित करने का जो सजग प्रयत्न जायसी, कबीर और तुलसीदास में है, अन्यत्र दुर्लभ है। सूर का बाल वर्णन, वात्सल्य भावना, गोपियों का स्वानुभूति के आधार पर अपनी दशा और आकांक्षा की अभिव्यक्ति, मीरा की प्रेम की अनन्यता, बन्धनों, वर्जनाओं का निषेध आदि ने इस काल की कविताओं को एक प्रकार से समान्तर संस्थान का रूप दे डाला है। इस कविता के अन्तर्निहित आध्यात्मिकता के बावजूद एक प्रकार की अन्तर्सामाज़िकता और अन्तर्धार्मिकता प्रदान की। 'कबीर के सबद', 'रमैनी' और 'साखियाँ', 'पद्मावत', 'रामचरितमानस', मीरा की 'पदावली', 'सूरसागर' 'रासपंचाध्यायी', 'रहीम के दोहे' और 'बरवै', 'कवितावली', 'विनय पत्रिका' 'मधुमालती' आदि इस काल की महत्त्वपूर्ण कृतियाँ हैं।

रीतिकाल

भक्तिकाल के अन्त में ही हिन्दी कविता में एक प्रकार की रसिकता और श्रृंगारिकता बढ़ने लगी थी। अकबर की नीति से उत्पन्न सुरक्षा और आश्वस्ति के माहौल में समाज के मठों, सम्प्रदायों, साहूकारों, छोटे-बड़े राजाओं में विलास और आमोद-प्रमोद, सजावट, कलात्मकता आदि की वृद्धि हुई। दूसरी ओर राजनीतिक

स्तर पर धर्म को तत्कालीन युग में सुविधा की दृष्टि से भक्तिकाल की विकसित वैयक्तिकता के तर्क से नितान्त व्यक्तिगत बना दिया गया। इस ऐहिकतावादी धारा में, जो भक्तिकाल में दबी थी, दरबारों की बढ़ोतरी और आमोद-प्रमोद के साधनों में कवियों की मान्यता के कारण राजरुचि के अनुसार परान्तः सुखाय कविताएँ लिखी जाने लगीं, जिनका मुहावरा भक्तिकाल से नितान्त भिन्न था। इसे रीतिकाल कहा ही इसलिए गया कि इसमें रीतिपरकता यानी लक्षणों या परिभाषाओं के प्रकाश में उदाहरण के रूप में कविता की जाने लगी इस प्रकार की कविताएँ कवित्त, सवैया, घनाक्षरी और दोहा में हैं।

नायक-नायिका भेद के ढाँचे में अन्तर्निहित लिखी गयी, इन कविताओं में सीमित क्षेत्र के भीतर चमत्कार प्रदर्शन और कलात्मक सौष्ठव प्रदर्शित करता था। विदग्धता इस युग की कविताओं का प्रमुख लक्षण है। आलंकारिकता, कलात्मकता, श्रृंगारिकता, कविताओं के आवश्यक लक्षण हैं। फलतः शब्दों के प्रति अतिरिक्त सजगता, अनुभूति की सूक्ष्मता और नये से नये प्रसंगों की कल्पना अनिवार्य थी। विभिन्न भावों को काव्य की कोटि तक पहुँचाकर रीतिकालीन कवियों ने काव्यभाषा ब्रज को एक प्रकार का ऐसा कला माध्यम बना दिया जिसमें प्रत्येक कवि जीविका प्रशंसा और सम्मान के लिए काव्य समयों और रूढ़ियों के जरिये उसको तोड़कर कविता बनाकर आश्रयदाता या कद्रदान को खुश करके इनाम प्राप्त कर सकता था। इस कला माध्यम ने कविताओं में अनुभूति और अभिव्यक्ति विधान के स्तर पर धर्म निरपेक्ष साहित्य की सृष्टि की जिसका उद्देश्य उस युग की सामाजिक समस्याएँ नहीं, बल्कि मात्र मनोरंजन और आनन्द प्रदान करना था।

प्रकृति का वर्णन सेनापति को छोड़कर उद्दीपन विभाव के रूप में ही हुआ है। नीति के दोहे जिसे कविता मानना कठिन है सन्तुलन के लिए लिखे गये हैं। इस काल के प्रसिद्ध कवियों में केशवदास, सेनापति, मतिराम, देव, बिहारी, पद्माकर और घनानन्द हैं। राधाकृष्ण को आधार बनाकर लीलाओं के वर्णन भी कुछ प्रबन्ध काव्यों में किये गये हैं, परन्तु वे मुख्यधारा से अलग हैं। घनानन्द, आलम और बोधा इस युग के ऐसे कवि हैं जिनकी कविताओं में वैयक्तिकता मिलती है। घनानन्द ने सायास कविता लिखने के बजाय कविता द्वारा स्वतः बनाये जाने का संकेत करके कविता में होने वाले परिवर्तन का संकेत किय है। भाषा में मौन की स्वीकृति और प्रेम की पीर का रीतिपरक ढाँचे के भीतर ही बिना लक्षणों की परवाह किये वर्णन ने कविता को ऐसा वैयक्तिक आयाम दिया जो बाद में छायावाद में मिलता है। सौन्दर्य, रसिकता, काम प्रवृत्ति तथा भाषिक सामर्थ्य का जैसा वर्णन इन कवियों में मिलता है वह अन्यत्र दुर्लभ है।

हिन्दी कविता का आधुनिक काल

हिन्दी कविता का विकास भारतीय कविता के विकास से भिन्न नहीं है। हिन्दी भाषा, हिन्दी जाति और अन्ततः एक भाषिक-सांस्कृतिक क्षेत्र होने के कारण सभी भारतीय भाषाओं के विकास से उसका विकास जुड़ा है। भारत के भौगोलिक तथा राजनीतिक परिवर्तनों और संस्कृति तन्त्र के अपेक्षाकृत स्थिर, परन्तु विकासमान स्वरूप ने भारतीय भाषाओं के साथ हिन्दी भाषा के साहित्य को भी एक ओर सन्तुलित और दूसरी ओर विद्रोही बनाया है। विद्रोह और व्यापकता की खोज, निजता और बहुलता का सम्मान हिन्दी की विशेषताएँ हैं। संस्कृत, फारसी, उर्दू, अंग्रेजी और बाँगला के दबावों ने उसमें जीवट और संघर्ष चेतना विकसित की। निर्विभक्तिक पदों का विकास, परसर्गों का प्रयोग, कृदन्तीय क्रिया रूपों के साथ संयुक्त क्रियाओं तथा सहायक क्रियाओं का प्रयोग तथा विविधता की क्रमिक वृद्धि जनतन्त्रत्मकता की ओर विकास के लक्षण हैं। मध्य प्रदेश में उत्तरी, दक्षिणी, पूर्वी तथा पश्चिमी सभी प्रकार की हवाएँ पहले से ही बह रही थीं।

वीरगाथा काल, भक्तिकाल और रीतिकाल के महत्त्वपूर्ण पड़ाव पार करती हुई हिन्दी कविता आधुनिक काल में प्रविष्ट हुई। आधुनिक काल में हिन्दी कविता के अनेक युग दृष्टिगत होते हैं, जैसे–

1. पुनर्जागरण काल/भारतेन्दु युग
2. जागरण सुधार काल/द्विवेदी युग
3. छायावादी युग
4. प्रगतिवादी युग
5. प्रयोगवादी युग
6. नयी कविता का युग
7. समकालीन कविता का युग
8. स्त्रीवादी/दलित/आदिवासी कविता का युग

पुनर्जागरण काल/भारतेन्दु युग

मुगलकाल से ही व्यापारिक पूँजीवाद का विकास, मध्य वर्ग का धीरे-धीरे उदय, नगरीकरण की प्रवृत्ति, अंग्रेजों के आगमन से उत्पन्न नयी परिस्थितियाँ नयी चुनौतियाँ–रेल, डाक, तार, छापेखाने की मशीनें, शिक्षा का प्रचार-प्रसार, नयी संस्कृति के कारण उत्पन्न आघात, प्रशासन की नयी व्यवस्था, ईसाई धर्म प्रचार की आवश्यकता, अंग्रेजों के लिए सांस्कृतिक तन्त्र के विकास की जरूरत, जो

उनकी औचित्यपरकता सिद्ध करे और प्रशासन की निचले स्तर पर मदद करे। मशीनीकरण आदि ने हिन्दी गद्य और नयी चेतना का विकास किया। पुरातात्त्विक और ऐतिहासिक भाषा विज्ञान की खोजों, अतीत के प्रति बढ़ती हुई जानकारी और पढ़े-लिखे वर्ग में नये ज्ञान से उत्पन्न रोशनी ने अतीत के प्रति स्वाभिमान और मुक्ति तथा वर्तमान के प्रति चिन्ता की भावना पैदा की जिसे पुनर्जागरण के नाम से जाना जाता है। इन सब कारणों से लगभग विस्फोट की तरह से हिन्दी गद्य विकसित हुआ। खड़ी बोली गद्य के विकास के बाद भी ब्रजभाषा काव्यभाषा बनी रही और रीतिकाल की ही परम्परा का पालन होता रहा। भारतेन्दु हरिश्चन्द्र ने ब्रजभाषा में अधिक और खड़ी बोली में कम कविताएँ लिखीं। भारतेन्दु के पूर्व का साहित्य सन्तों की कुटिया से निकलकर राजाओं और रईसों के दरबारों में पहुँच गया था। जिन चेलों और महात्माओं ने काव्य में मनुष्य को देवता बनाने की शक्ति संचालित की थी उनके चेलों ने उनके नाम पर ही सम्प्रदाय स्थापित किये। एक ओर काव्य को देवता बनाने की शक्ति लुप्त हो गयी—उसकी साम्प्रदायिक व्याख्याएँ शुरू हो गयीं और दूसरी ओर कवियों के पैर लड़खड़ाकर राजदरबारों की ओर खिंच गये। भारतेन्दु ने हिन्दी साहित्य को कर्मकाण्ड और मनोविनोद से मुक्त करके राष्ट्रीयता और लौकिकता की ओर उन्मुख किया। खड़ी बोली गद्य के व्यवस्थित विकास और बढ़ते हुए प्रयोग के दबाव के कारण खड़ी बोली में कविता लिखने का प्रचलन बढ़ा। अयोध्या प्रसाद खत्री ने संघर्ष करके इस प्रवृत्ति को स्थापित किया। उन्होंने 'मौलवी स्टाइल हिन्दी' में खड़ी बोली में फारसी छन्दों का उदाहरण दिया है। 'खड़ी बोली का पद्य पहिला भाग' में शिवप्रसाद सितारे हिन्द, भारतेन्दु और राम सोहनलाल कृत खड़ी बोली कविता के वर्णनात्मक उदाहरण हैं। श्रीधर पाठक की रचनाएँ भी 1885 ई. के आसपास मिलती हैं।

जागरण सुधार काल/द्विवेदी युग

द्विवेदी युग में हिन्दी कविता खड़ी बोली में व्यापक रूप से लिखी जाने लगी। महावीर प्रसाद द्विवेदी जी मध्य युगीनता और रीतिवाद के विरोधी थे। हिन्दी भाषा को मानवीकृत करके द्विवेदी जी ने हिन्दी कविता के लिए मार्ग प्रशस्त किया। कविता में ब्रजभाषा के स्थान पर खड़ी बोली की प्रतिष्ठा, साहित्य में रीतिवाद का निष्कासन और वैज्ञानिक विचार पद्धति तथा बुद्धिवाद का समर्थन उनका प्रमुख योगदान है। निराला ने लिखा है कि 'खड़ी बोली का साँचा दुरुस्त हुआ मैथिलीशरण गुप्त की कविताओं से।' सरस्वती पत्रिका ने हिन्दी कविता को न केवल विकसित किया, बल्कि काव्यभाषा के विकास और समृद्धि में मदद की।

गया प्रसाद शुक्ल 'सनेही', रामचरित उपाध्याय, रामनरेश त्रिपाठी, रूप नारायण पाण्डेय, गोपालशरण सिंह ने खड़ी बोली में भावुकता प्रधान कविताएँ लिखकर उसे जनता में अधिक प्रचलित किया। इस युग की कविता में राष्ट्रीयता, देशवत्सलता, सुधार, लोकमंगल की भावना, जनतान्त्रिक मूल्यों की प्रतिष्ठा, दीन और दुखियों की सेवा में ईश्वर का साक्षात्कार, उपदेश और मनोरंजन मिलता है। इतिवृत्तात्मकता के कारण इन कविताओं में मानवीकृत ईश्वरत्व की अवधारणा विकसित हुई। मर्यादावादिता एक मूल्य के रूप में इस काव्य में है। मैथिलीशरण गुप्त द्विवेदीयुगीन कविता के आदर्श हैं। नन्ददुलारे वाजपेयी जी के अनुसार उनमें सतीपन की ज्योति मिलती है।

छायावाद

द्विवेदीयुगीन नैतिकता और संकोच और इतिवृत्तवाद छायावाद के बाद टूटता है। यद्यपि 1930 ई. से पहले का अधिकांश छायावाद वैयक्तिक राग और अनुभूतियों पर जोर देने के बावजूद द्विवेदी युग का प्रसार ही है। आत्म प्रसार की आकांक्षा और द्विवेदीयुगीन विषयनिष्ठता के स्थान पर विषयनिष्ठता छायावाद की काव्यदृष्टि की विशेषता है। पाश्चात्य साहित्य, बॉगला साहित्य से रवीन्द्र का प्रभाव सत्याग्रह युग में अन्तरात्मा की आवाज पर बल आदि ने छायावादी कविता में शक्ति, जागरण, वेदना और दुःख की अनुभूतियों के कारण हिन्दी काव्य भाषाकों नये सिरे से आविष्कृत किया। जयशंकर प्रसाद, सुमित्रानन्दन पन्त, सूर्यकान्त त्रिपाठी 'निराला' और महादेवी वर्मा ने कोमल और कठोर संवेदनाओं के अनुकूल भाषा को कमाया। चित्रभाषा, लाक्षणिकता, प्रतीकात्मकता और तत्समता छायावाद की शैलीगत विशेषताएँ हैं। इसे शब्द संस्कृति का काल कह सकते हैं। प्रो. रामस्वरूप चतुर्वेदी इसे 'शक्ति काव्य' कहते हैं। 'परिमल', 'पल्लव', 'आँसू', 'कामायनी', 'अनामिका', 'तुलसीदास', 'यामा' और 'दीपशिखा' इस युग की विशिष्ट कृतियाँ हैं। हालाँकि छायावाद के अन्य कवि जैसे आरसी प्रसाद सिंह, डॉ. रामकुमार वर्मा और माखनलाल चतुर्वेदी की कविताएँ भी पर्याप्त लोकप्रिय हुई हैं।

राष्ट्रीय सांस्कृतिक कविता

हिन्दी की राष्ट्रीय/सांस्कृतिक धारा की कविता के प्रवर्तकों में मैथिलीशरण गुप्त, माखनलाल चतुर्वेदी, सियारामशरण गुप्त, रामधारीसिंह 'दिनकर', अटलबिहारी वाजपेयी, ओम पंवार आदि का समावेश होता है।

प्रगतिवाद

छायावाद के अन्त में वैशिष्ट्य, वैयक्तिकता के और काल्पनिकता के स्थान पर सामूहिकता और सामाजिकता का प्रभाव बढ़ने लगा था। छायावादी कवि सुमित्रानन्दन पन्त और सूर्यकान्त त्रिपाठी 'निराला' ने छायावादी वैयक्तिकता का त्याग कर सामाजिकता का मार्ग चुना। निराला ने तो सामाजिक विसंगतियों की ओर संकेत भी किया था। फलतः छायावादोत्तर काव्य में हृदयवाद के स्थान पर यथार्थोन्मुख बुद्धिवाद का विकास हुआ। 1936 ई. में प्रगतिशील लेखक संघ की स्थापना के बाद जिन्दगी की ठोस हकीकत को सामने रखा गया। छायावाद का अन्तर्जगत प्रगतिवाद के बहिर्जगत के दबाव में पिघल गया छायावाद और प्रगतिवाद के मध्य में साहसपूर्ण अभिव्यक्ति करने वाले नरेन्द्र शर्मा 'बच्चन', दिनकर, रामेश्वर शुक्ल 'अंचल', बालकृष्ण शर्मा 'नवीन' और भगवतीचरण वर्मा की कविताएँ हैं, जिनमें गोपनीयता के स्थान पर स्वीकृति का साहस और 'वर्जित स्पर्श' के स्थान 'साहसपूर्ण स्पर्श' का भाव है। ये एक अर्थ में अपराजेय संकल्प की ओर उन्मुख कविताओं वाले कवि हैं। मादकता, उल्लास, ऐन्द्रिकता आवेग और मस्ती के साथ-साथ बातचीत की भाषा का प्रयोग इनकी विशेषता है। शमशेर बहादुर सिंह, डॉ. हरिवंशराय 'बच्चन' की भाषा को सच्चिदानन्द हीरानन्द वात्स्यायन 'अज्ञेय' से अधिक महत्व देते हैं।

प्रगतिवादी कवियों ने सामाजिक यथार्थ, शोषित और सर्वहारा के वर्णन को केन्द्र में रखकर सामाजिक सच्चाई को आक्रोश और तेवर के साथ अभिव्यक्त किया है। नया खून, वसुधा, हंस आदि पत्रिकाएँ प्रगतिशील चेतना की वाहक बनीं। शिवमंगल सिंह 'सुमन', नागार्जुन, केदारनाथ अग्रवाल, त्रिलोचन, शमशेर बहादुर सिंह आदि प्रगतिवाद के विशिष्ट कवि हैं। इनकी कविताओं में समता के मूल्य को केन्द्र में रखकर शोषक वर्ग की शोषण प्रक्रिया और शोषित वर्ग की भूख, विवशता और परिवर्तनकारी शक्ति का वर्णन मिलता है। सुमन में आक्रोशपूर्ण व्यक्तित्व, नागार्जुन में पैने व्यंग्य के साथ उजागर करने या नंगा करने का भाव, केदारनाथ अग्रवाल में श्रम सौन्दर्य के साथ घर आँगन से जुड़े बिम्बों की प्रामाणिक सामाजिकता, त्रिलोचन में सामाजिक सच्चाई की सटीकता और साधक भाव से कहने की शक्ति और शमशेर में यथार्थ के मर्म को उद्घाटित करने की आश्चर्यजनक बिम्बात्मक क्षमता है। प्रगतिवादी कविताओं ने छायावादी शब्द संस्कृति को अर्थ संस्कृति की ओर मोड़ा और अपनी रूढ़ियाँ विकसित कीं जिससे कविता में एक प्रकार की स्थिरता आ गयी और कवि धीरे-धीरे राजनीतिक दलों का पिछलग्गू या समय कुसमय दिखाने लायक मुखौटा मात्र हो गया।

प्रयोगवाद

प्रगतिवाद और प्रयोगवाद के कवि तारसप्तक में बिछड़ने के लिए एकत्र होते हैं और फिर अन्वेषी अपनी-अपनी राह पाकर चल देते हैं। तारसप्तक की भूमिका में परस्पर भिन्न विचारों और विचारधाराओं के लोगों के एक साथ होने का कारण प्रयोग को माना गया। विषय के बजाय वस्तु और भाषा के प्रयोग पर जोर देने के कारण ये कवि प्रयोगवादी कहलाये। समकालीनता, काव्यभाषा पर आग्रह, बिम्ब विधान, व्यक्ति को मूल्यों का स्रोत मानने की दृष्टि, काव्य की स्वायत्तता आदि को प्रयोगवाद की विशेषता बताया गया है। नये प्रतीकों का आविष्कार और प्रयोग, विसंगति बोध, तनावों की अभिव्यक्ति तथा अनुभूति के सम्प्रेषण पर बल इन कविताओं में मिलता है। अज्ञेय इसके प्रवक्ता माने गये। अज्ञेय का 'हरी घास पर क्षण भर' आधुनिकता का एक अर्थ में पहला ग्रन्थ है। इस दृष्टि से प्रयोगवाद का भी पहला ग्रन्थ है।

'तारसप्तक' के बाद अज्ञेय ने दूसरा सप्तक, तीसरा सप्तक, चौथा सप्तक भी सम्पादित किये, जिसमें मुक्तिबोध, शमशेर, रामविलास, भारतभूषण, नरेश मेहता, रघुवीर सहाय, सर्वेश्वर, गिरिजा कुमार माथुर, विजय देव नारायण साही, केदारनाथ सिंह आदि की कविताएँ हैं। इसके भी अनेक कवि हैं जो इसमें नहीं हैं।

नयी कविता

प्रयोगवाद का ही विस्तार नयी कविता है। नयी कविता का मुहावरा अज्ञेय से बदला हुआ है। इसकी शुरुआत 1952 से है मानी जा सकती है। स्वतन्त्रता के बाद के जीवन का मोहभंग और मनुष्य की स्थिति इन कविताओं में विशेष रूप से अभिव्यक्त है। 'बातचीत की लय' और नितान्त समकालीनता, लघु मानव की प्रतिष्ठा इसकी विशेषताएँ बतायी गयी हैं। रघुवीर सहाय, भवानीप्रसाद मिश्र, लक्ष्मीकान्त वर्मा, सर्वेश्वर, विपिन अग्रवाल, साही, कुँवर नारायण, केदारनाथ सिंह, धर्मवीर भारती, श्रीकान्त वर्मा आदि इस दौर के प्रतिष्ठित कवि हैं। स्वाधीनता की चेतना, मनुष्य में अडिग निष्ठा, समता, न्याय और बन्धुत्व में विश्वास इन कवियों में व्यापक मानवतावादी मूल्यों की परिभाषा के अन्तर्गत मिलता है। 'प्रतीक', 'कल्पना', 'नयी कविता', 'क ख ग', 'दक्षिणभारती', 'युग चेतना' पत्रिकाओं का प्रयोगवाद और नयी कविता तथा उसके काव्यशास्त्र के निर्माण की दृष्टि से विशेष महत्त्व है।

समकालीन कविता

नयी कविता के अन्तिम दौर में नयी कविता के बिम्बवादी रूपात्मक आग्रहों के खिलाफ अकविता, युयुत्सावादी, सनातन सूर्योदयी, सहज कविता, ताजी कविता, भूखी पीढ़ी, विद्रोही पीढ़ी आदि अनेक आन्दोलन हुए। इन आन्दोलनों के कारण सन् 1964 से 1972 के बीच में जितनी पत्रिकाएँ निकलीं उतनी किसी दौर में नहीं निकलीं। इन रचनाकारों ने भाषा और विषय की स्थिरता समाप्त की और कविता में शारीरिक और राजनीतिक शब्दावली का प्रयोग किया जिसका काव्य के क्षेत्र में प्रवेश निषेध था। सामाजिक जीवन की विसंगति, विक्षोभ, हाहाकार, बेरोजगारी तथा राजनीतिक असफलता ने एक प्रकार की अराजक मनोवृत्ति भी विकसित की। इस धुन्ध से अशोक वाजपेयी, धूमिल, लीलाधर जगूड़ी, सौमित्र मोहन, चन्द्रकान्त देवताले, जगदीश चतुर्वेदी, दूधनाथ सिंह आदि कवि विकसित हुए।

धूमिल ने इस धुन्ध और शोर-शराबे में से आक्रोश और सपाटपन के साथ सच को पूर्ण परिप्रेक्ष्य में सच कहने के तर्क से नया मुहावरा विकसित किया। जो उनकी 'संसद से सड़क तक' की कविताओं में मिलता है। अशोक वाजपेयी ने देह और आत्मा की अविच्छिन्नता स्थापित की। वे कविता को सामाजिक संघर्ष का पर्याय मानते थे और पाखण्ड को नंगा करने को कविता की सार्थकता समझते थे। धूमिल के बाद हिन्दी कविता में एक तरह की स्थिरता आती है। राजेश जोशी, अरुण कमल, विनोदकुमार शुक्ल, रमेशचन्द्र शाह, उदय प्रकाश, नीलाभ, कुमार विमल, आलोक धन्वा, मंगलेश, इब्बार रब्बी आदि कवियों की कविताएँ आती हैं जो सन्तुलित ढंग से यथार्थ के नितान्त संश्लिष्ट रूपों का जीवन सन्दर्भों के आधार पर उद्घाटन करती हैं। इस बीच में हिन्दी कविता में व्यापकता बढ़ती गयी है। उसके संवेदन का क्षेत्र आसपास के साथ राष्ट्रीय और अन्तरराष्ट्रीय भी हो गया है। इस समय कविता में भीड़-भाड़ अधिक है, परन्तु नारेबाजी गायब है। वैचारिकता और उद्घाटनप्रियता का आश्चर्यजनक मिश्रण विकसित हो रहा है। कविता के मुहावरे में खुलेपन और परिवर्तन का असर स्पष्ट है। कविता में कलात्मकता का बौद्धिक प्रसार विशिष्ट कविताओं में स्पष्टतः बढ़ रहा है।

स्त्रीवादी कविता

यद्यपि पं. रमाबाई, ताराबाई शिन्दे, सावित्रीबाई फुले, सुभद्रा कुमारी चौहान, महादेवी वर्मा जैसी समाज सुधारक और कवयित्रियों ने भारतीय स्त्रियों की वेदना को अभिव्यक्त किया था। तथापि भारतीय काव्यधारा में सन 1975 के बाद बहुत बड़ा परिवर्तन आया। जब पहली बार पूरे विश्व में अन्तरराष्ट्रीय

महिला वर्ष मनाया गया। पाश्चात्य विदुषियों जैसे सीमोन द बुआ, मेरी एलमन, वर्जिनिया वुल्फ, केट मिलेट, जूलिया क्रिस्टिवा, मोनिक विटिंग, हेलेनन सिक्सस, एलिन मोअर्स, एलेन शोवाल्टर, एंजिला कार्टर, मेरी जैकोबर्स आदि के चिन्तन से प्रभावित होकर हिन्दी की कवयित्रियों जैसे—कीर्ति चौधरी, कात्यायनी, सविता सिंह, शुभा शर्मा, प्रभा खेतान आदि ने बिगुल बजाया। यह स्त्रीवादी अभिव्यक्ति कविता से अधिक कहानी, उपन्यास और आत्मकथा जैसी गद्य विधाओं में अधिक प्रखरता से प्राप्त होती है।

दलित कविता

महाराष्ट्र में परम्परा से थोपे गये विचारों का विरोध करने वाली एक नयी विचारधारा ने हिन्दी काव्यधारा को भी पर्याप्त प्रभावित किया है। महात्मा ज्योतिबा फुले, छत्रपति शाहू महाराज और डॉ. बाबा साहेब आम्बेडकर के दर्शन को मराठी कवियों ने मुखर रूप से अभिव्यक्त किया। मराठी दलित कवियों जैसे—नामदेव ढसाल, दया पवार, शरणकुमार लिम्बाले आदि के प्रभाव स्वरूप हिन्दी में भी यह साहित्यिक आन्दोलन चल पड़ा। ओमप्रकाश वाल्मीकि, मोहनदास नैमिशराय, जयप्रकाश कर्दम, मंसाराम विद्रोही, मलखान सिंह, श्यौराज सिंह बेचैन, दयाशंकर बटोही, दयानन्द बटोही, सूरजपाल चौहान, कँवल भारती, कोटूराम दलित, सुशीला टाकभौरे, दामोदर मोरे आदि प्रमुख हिन्दी के दलित कवि हैं।

आदिवासी कविता

स्त्रियों और दलितों की तरह ही हमारे समाज का एक अन्य उपेक्षित समुदाय है--'आदिवासी'! इस काव्यधारा के कवियों में निर्मला पुतुल, वहारु सोनवणे, ग्रेस कुजूर, जसिंता केरकट्टा, महादेव टोप्पो, हरिराम मीणा, केशव मेश्राम, रामदयाल मुण्डा, अनुज लुगुन, सरिता बडाइक, दीनानाथ मनोहर, डॉ. मंजू ज्योत्स्ना, डॉ. भगवान गव्हाडे आदि का समावेश होता है।

महाविद्यालयीन छात्रों के मानसिक, बौद्धिक, सामाजिक तथा सांस्कृतिक विकास के साथ-साथ साहित्यिक समझ और संवेदनाओं का विकास हो, इसी बात को ध्यान में रखकर डॉ. बाबा साहेब आम्बेडकर मराठवाड़ा विश्वविद्यालय, औरंगाबाद के हिन्दी अध्ययन मण्डल ने पाठ्यक्रम का प्रारूप तैयार किया है। हमें आशा ही नहीं अपितु पूर्ण विश्वास है कि हमारे छात्रों, अध्यापकों और हिन्दी प्रेमियों को प्रस्तुत संकलन की कविताएँ पसन्द आयेंगी। इन्हीं शुभकामनाओं के साथ...।

—हिन्दी अध्ययन मण्डल

अमीर खुसरो

आधुनिक हिन्दी के पूर्व-रूप खड़ी बोली के प्रथम प्रयोक्ता अमीर खुसरो का जन्म स्थान विवादास्पद है। भारत में प्रसिद्ध है कि वे उत्तर प्रदेश के एटा जिले के 'पटियाली' नामक स्थान पर पैदा हुए थे। पटियाली में इनके जन्म का सर्वप्रथम उल्लेख हुमायूँ के समय के हामिद-बिन-फजलुल्लाह जमाली ने अपने 'तजकिरा सैरूल आरफीन' में किया था। कुछ अन्य लोगों ने अमीर खुसरो का जन्म भारत के बाहर होने की बात भी कही है। 1976 ई. में पाकिस्तानी लेखक मुमताज हुसैन की एक पुस्तक प्रकाशित हुई है जिसमें उन्होंने विस्तार से अमीर खुसरो की जन्मभूमि पर विचार करते हुए उपर्युक्त सभी मतों का खण्डन किया तथा यह सिद्ध किया कि खुसरो का जन्म दिल्ली में हुआ। डॉ. भोलानाथ तिवारी आदि विद्वान् भी खुसरो की जन्म-स्थली दिल्ली ही मानते हैं। विभिन्न पुस्तकों में खुसरो का जन्म 1252, 1253, 1254 और 1255 दिया गया है। डॉ. भोलानाथ तिवारी के अनुसार उनका जन्म 652 हिजरी में हुआ था जो ईसवी सन् 1253-54 पड़ता है। खुसरो का वास्तविक नाम अबुल हसन था। खुसरो इनका तखल्लुस या उपनाम था, जो इतना प्रसिद्ध हुआ कि यही उनका नाम भी हो गया। खुसरो पढ़े-लिखे और विद्वान थे। दस वर्ष की उम्र में ही उन्होंने काव्य-रचना आरम्भ कर दी थी। खुसरो की हिन्दी, फारसी, तुर्की, अरबी तथा संस्कृत कई भाषाओं में गति थी। साथ ही उन्होंने दर्शन, धर्मशास्त्र, इतिहास, युद्ध-विद्या, व्याकरण, ज्योतिष, संगीत आदि का भी अध्ययन किया था। भारतीय होने का गर्व खुसरो में कूट-कूटकर भरा था, यह उनकी कविताओं में कई तरह से व्यक्त हुआ है। धर्म के क्षेत्र में, जैसा प्रसिद्ध है, खुसरो हजरत निजामुद्दीन औलिया के शिष्य थे। अपने गुरु के निधन के पश्चात् शोकाकुल खुसरो का कुछ समय बाद देहावसान हो गया। सम्भवतया उनकी मृत्यु 1424-25 ईसवी में हुई।

खुसरो की अधिकांश रचनाएँ फारसी में हैं और कुछ थोड़ी-सी हिन्दी में। कुछ विद्वानों का मानना है कि खुसरो ने फारसी से कहीं ज्यादा हिन्दी में लिखा, जबकि कुछ के अनुसार फारसी और हिन्दी में उनकी बराबर रचनाएँ हैं। वस्तुतः गार्सा द तासी और भोलानाथ तिवारी की यह धारणा अधिक तर्कसंगत है कि हिन्दी में उन्होंने रचना-कर्म किया, लेकिन अधिक नहीं। हिन्दी में विभिन्न परम्पराओं से प्राप्त खुसरो की रचनाओं की संख्या लगभग चार सौ है। जो रचनाएँ उनके नाम से मिलती हैं, ये सभी उनकी ही हैं, यह मानने के लिए कोई पुष्ट आधार नहीं है। खुसरो की हिन्दी रचनाओं को निम्नलिखित बारह वर्गों में विभक्त किया जा सकता है।

1. पहेलियाँ, 2. मुकरियाँ, 3. निस्वतें, 4. दो सुखन, 5. ढकोसले, 6. गति, 7. कव्वाली, 8. फारसी-हिन्दी मिश्रित छन्द, 9. सूफी दोहे, 10 गजल, 11 फुटकल छन्द और 12. खालिकबारी।

खुसरो का जन्म दिल्ली में हुआ था, इसलिए दिल्ली की भाषा खड़ी बोली उनकी मातृभाषा थी। कुछ समय वे अवध में रहे इसलिए अवधी की मिठास का भी उपयोग उन्होंने किया। पहेलियों, मुकरियों उन्होंने खड़ी बोली का प्रयोग किया है।

पहेलियाँ

●

अमीर ख़ुसरो

(1)

एक थाल मोतियों से भरा, सबके सर पर औंधा धरा।
चारों ओर वह थाली फिरे, मोती उससे एक न गिरे ॥1॥

(आसमान)

(2)

बीसों का सिर काट लिया
ना मारा, ना खून किया

(नाखून)

(3)

तरवर से इक तिरिया उतरी उसने बहुत रिझाया
बाप का उससे नाम जो पूछा आधा नाम बताया
आधा नाम पिता पर प्यार बूझ पहेली मोरी
अमीर खुसरो यूँ कहे अपना नाम न बोली

(निम्बोली)

(4)

खड़ा भी लोटा पड़ा भी लोटा
है बैठा और कहीं है लोटा
खुसरो कहे समझ का टोटा

(लोटा)

(5)

आदि कटे से सबको पाले
मध्य कटे से सबको माले
अन्त कटे से सबको मीठा
खुसरो वाको आँखो दीठा

(काजल)

सन्त नामदेव

सन्त शिरोमणि नामदेव का जन्म 'पंढरपुर', महाराष्ट्र में '26 अक्टूबर, 1270, कार्तिक शुक्ल एकादशी संवत् 1327, रविवार' को हुआ था। इनके पिता का नाम दामाशेठ और माता का नाम गोणाई (गोणा बाई) था। इनका परिवार भगवान विट्ठल का परम भक्त था।

सन्त शिरोमणि नामदेव के नाना जी का नाम गोमा जो और नानी जी का नाम उमाबाई था। सन्त नामदेव जी ने विसोबा खेचर को गुरु रूप में स्वीकार किया था। विसोबा खेचर का जन्म स्थान पैठण था, जो पंढ़रपुर से पचास कोस दूर ओंढ़्या नागनाथ नामक प्राचीन शिव क्षेत्र में है। इसी मन्दिर में इन्होंने सन्त शिरोमणि नामदेव को शिक्षा दी और अपना शिष्य बनाया। सन्त नामदेव, सन्त ज्ञानेश्वर के समकालीन थे और उम्र में उनसे पाँच साल बड़े थे।

पिता की नेकी का असर पुत्र पर भी पड़ा। वहाँ भी साधु सन्तो के पास बैठता। वह उनसे उपदेश सुनता रहता। उनके गाँव में देवता का मन्दिर था। जिसे विसोबा देव का मन्दिर कहा जाता था। वहाँ जाकर लोग बैठते व भजन करते थे। वह भी बच्चों को इकट्ठा करके भजन-कीर्तन कराता। सभी उसको शुभ बालक कहते थे। वह बैरागी और साधु स्वभाव का हो गया। कोई काम-काज भी न करता और कभी-कभी काम-काज करता हुआ राम यश गाने लगता।

नामदेव के चरित्र में भी सुल्तान की आज्ञा से इनका मृत गाय को जिलाना, पूर्वाभिमुख आवढ़्या नागनाथ मन्दिर के सामने कीर्तन करने पर पुजारी के आपत्ति उठाने के उपरान्त इनके पश्चिम की ओर जाते ही उसके द्वार का पश्चिमाभिमुख हो जाना, विट्ठल की मूर्ति का इनके हाथ दुग्धपान करना आदि घटनाएँ समाविष्ट है महाराष्ट्र से लेकर पंजाब तक। इन्होंने विट्ठल मन्दिर के महाद्वार पर सन् 1272 में समाधि ले ली।

1296 में आलन्दी में ज्ञानदेव ने समाधि ले ली और तुरन्त बाद ज्ञानदेव के बड़े भाई तथा गुरु ने भी योग क्रिया द्वारा समाधि ले ली। इसके एक महीने बाद ज्ञानदेव के दूसरे भाई सोपानदेव और पाँच महीने पश्चात मुक्तबाई भी समाधिस्थ हो गये। नामदेव अकेले हो गये। उन्होंने शोक और विछोह में समाधि के अभंग लिखे। इस हृदय विदारक अनुभव के बाद नामदेव घूमते हुए पंजाब के भट्टीवाल स्थान पर पहुँचे। फिर वहाँ घुमान (जिला गुरदासपुर) नामक नगर बसाया।

सन्त नामदेव अपनी उच्चकोटि की आध्यात्मिक उपलब्धियों के लिए ही विख्यात हुए। चमत्कारों के सर्वथा विरुद्ध थे। वह मानते थे कि आत्मा और परमात्मा में कोई अन्तर नहीं है। इसी से भक्त को दिव्य दृष्टि प्राप्त होती है। 80 वर्ष की आयु तक इस संसार में गोविन्द के नाम का जप करते-कराते सन् 1350 में वे स्वयं भी भवसागर से पार चले गये।

पद

●

सन्त नामदेव

(1)

जत्र जाउँ तत्र बीठल भैला। बीठलियौ राजाराम देवा ॥टेक॥
आनिलै कुम्भ भराइले उदिक, बालगोबिन्दहिं न्हाण रचौ।
पहलै नीर जु मछ बिटाल्यौ, झूठण भैला कांइ करूँ ॥1॥
आंणिलै केसरि सूकडि समसरि, बाल गोबिन्दहिं षौलि रचूँ ।
पहली बास भुवंगम लीन्ही, जूंठणि भैला कांइ करुँ ॥2॥
आंणिलै पुहुप गूंथिले माला, बाल गोबिन्दहिं हार रचू।
पहली बास जुँ भँवरै लीनी, जूठणि भैल कांइ करुँ ॥3॥
आंणिले धृत जोइलै बाती, बाल गोबिन्दहिं जोति रचू।
पहली जोति जु नैनानि देषी, जूठणि भैला कांइ करुँ ॥4॥
आंणिलै अगरषेइलै धूपा, बाल गोबिन्दहिं धूप रचू।
पहली बार नासिक आई, जूठणि भैला कांइ करुँ ॥5॥
आंणिले तन्दुल रांधिलै षीरो, बाल गोबिन्दहि भोग रचू।
पहली दुध जु बछा बिटालौ, जूठणि भैला कांइ करुँ ॥6॥
आऊं तौ बीठल जाऊँ तौ बीठल, बीठल व्यापक माया।
नामा का चित करि सूं लागा, ताथैं परम पर पाया ॥7॥

(2)

राम नाम षेती राम नाम बारी॥
हमारे धन बाबा बनवारी ॥टेक॥
या धन की देषहु अधिकाई।

तसकर हरै न लागै काई ॥1॥
दहदिसि राम रह्याया भरपूरि।
सन्तनि नीयरे साकत दूरी ॥2॥
नामदेव कहे क्रिसन सोई।
कूत मसाहति करै न कोई ॥3॥

(3)

धृग ते बकता धृग ते सुरता।
प्राननाथ को नांव न लेता॥
नाद वेद सब गालि पुरांना॥
शसमनाम को मरता न जाना॥
पंडित होइ सो बेद बषाने॥
भूरिष नामदेव राम ही जाने॥

कबीरदास

कबीरदास एक महान सन्त, समाज-सुधारक और क्रान्तिदर्शी कवि है। हिन्दी की निर्गुण काव्यधारा के अन्तर्गत ज्ञानाश्रयी शाखा के आप अग्रणी कवि है। इन्हें सन्त-सम्प्रदाय का प्रवर्तक माना जाता है। कबीर का जन्म विक्रम संवत् 1455 (सन् 1398 ई.) के आसपास काशी में हुआ। एक किंवदन्ती के अनुसार किसी विधवा ब्राह्मणी की कोख से इनका जन्म हुआ, जिसने लोकलाज के भय से नवजात शिशु को लहरतारा नामक तालाब के किनारे छोड़ दिया। वहाँ से नीरू और नीमा नामक जुलाहा दम्पति उसे उठाकर अपने घर ले गये। उन्होंने इस शिशु को पुत्रवत पाला।

बचपन से ही कबीर एकान्तप्रिय, चिन्तनशील और साधुसेवी स्वभाव के थे। उन्होंने जो कुछ सीखा, अनुभव की पाठशाला से सीखा। वरना कहा तो यह जाता है कि 'मसि कागद छूयो नहिं, कलम गही नहीं हाथ।' सद्गुरु रामानन्द की कृपा से उन्हें आत्मज्ञान और प्रभु-भक्ति का भाव प्राप्त हुआ। कहते हैं, कबीर ने 120 वर्षों की लम्बी आयु प्राप्त की थी।

कबीर शास्त्र विरोधी थे। कहा करते थे—

पोथी पढ़ि—पढ़ि जग मुआ, पण्डित भया न कोई।
ढाई आखर प्रेम का, पढ़ै सो पण्डित होई।

कबीर की वाणी 'बीजक' नामक ग्रन्थ में संगृहीत है। इस ग्रन्थ के तीन भाग है। रमैनी, साखी और सबद। ये तीनों ही काव्य की अलग-अलग शैलियाँ है। इन शैलियों का सफल प्रयोग कबीर ने अपने 'बीजक' में किया है। 'रमैनी' का अर्थ जीव की उस दशा का वर्णन है, जिसमें वह माया के रूप से मोहित होकर उसमें लीन हो जाता है यानी उसमें रमण करने लगता है। इस माया का तिरस्कार कर ईश्वर की पहचान करने वाले को कबीर ने रमैनी कहा है। 'साखी' का अर्थ होता है—प्रत्यक्ष ज्ञान अथवा साक्षी। यह दोहा शैली की रचना है। 'बीजक' की अन्तिम साखी में कबीर ने कहा है—

साखी आँखी ज्ञान की, समुझि देखु मनु मांहि।
बिनु साखी संसार का, झगड़ा छूटत नांहि॥

'सबद' शब्द से बना है, जिसका पारिभाषिक अर्थ है—परावाक्। कबीर ने 'सबद' का प्रयोग दो अर्थों में किया है—एक तो पुरातत्त्व के अर्थ में और दूसरा पद के अर्थ में।

कबीर ने गुरु को गोविन्द से भी अधिक महत्त्व दिया है। गुरु ही ज्ञान का दीपक प्रज्वलित करता है। कबीर का राम 'सगुण' या 'निर्गुण' राम से भिन्न निर्विकार और अरूप है। पति रूप में उसे ग्रहण करने पर आत्मा उसकी प्रेयसी बन जाती है। ऐसे पदों में रहस्यवाद की सृष्टि हुई है—

हरि मोरा पीव भाई हरि मोरा पीव,
हरि बिन रहि न सकै मोरा जीव।

कबीर का मन जिस प्रेम रूपी मदिरा से मतवाला बना हुआ था, वह ज्ञान के गुड़ से तैयार की गयी थी। इसलिए वहाँ अन्धश्रद्धा, भावुकता और हिस्ट्रिक प्रेमोन्माद का नितान्त अभाव है।

कबीर के लिए यह कहा गया है कि वे पहले सन्त और समाज-सुधारक थे, बाद में कवि। यह बात बहुत हद तक सही भी है। कविता उनका उद्देश्य नहीं था। वे कविता के माध्यम से समाज की विकृतियों, जीवन के पाखण्ड, धर्म के आडम्बर और रूढ़िवादिता के खिलाफ वातावरण तैयार करना चाहते थे। इसीलिए उनकी वाणी से कहीं क्रोध और कही व्यंग्य के स्फुलिंग छूटते नजर आते हैं। वे बेलगाम और दो टूक बात कहा करते थे।

कबीर की भाषा 'सधुक्कड़ी' या 'खिचड़ी' थी। लेकिन उस मिश्रित भाषा का प्रभाव बड़ा जबरदस्त हुआ। कहीं-कहीं उलटबाँसी और प्रतीकों का प्रयोग साधारण भाषा को कलात्मक मोड़ भी दे देता है। कबीर की भाषा-सामर्थ्य को लक्षित करते हुए डॉ. हजारीप्रसाद द्विवेदी ने लिखा है, "भाषा पर कबीर का जबरदस्त अधिकार था। वे वाणी के डिक्टेटर थे। जिस बात को उन्होंने जिस रूप में प्रकट करना चाहा है, उसे उसी रूप में भाषा से कहलवाया है। बन गया तो सीधे-सादे, नहीं तो दरेरा देकर। भाषा कुछ कबीर के सामने लाचार-सी नजर आती है।"

जनभाषा में अपनी बात कहने वाला यह जन कवि हिन्दी साहित्य के इतिहास में अलग पहचान बनाये हुए है।

दोहे

●

सन्त कबीर

(1)

गुरु गोविन्द दोउ खड़े, काके लागूँ पाय।
बलिहारी गुरु आपने, गोविन्द दियो बताय॥

(2)

माटी कहे कुम्हार से, तु क्या रौंदे मोहे,
एक दिन ऐसा आएगा, मैं रौंदूंगी तोहे।

(3)

दुःख में सुमिरन सब करे, सुख में करे न कोय।
जो सुख में सुमिरन करे, तो दुःख काहे हो होय॥

(4)

पाहन पूजे हरि मिले, तो मैं पूजूँ पहार।
याते चाकी भली जो पीस खाय संसार॥

(5)

काँकर पाथर जोरि कै मस्जिद लई बनाय।
ता चढ़ि मुल्ला बाँग दे क्या बहरा हुआ खुदाय॥

मीराबाई

कृष्ण भक्त कवियों में मीराबाई का प्रमुख स्थान है। उनका जन्म 1498 ई. में मारवाड़ रियासत के कुड़की नामक गाँव में हुआ। इनका विवाह 12 वर्ष की आयु में चित्तौड़ के राणा सांगा के पुत्र कुँवर भोजराज के साथ हुआ। शादी के 7-8 वर्ष बाद ही इनके पति का देहान्त हो गया।

इनके मन में बचपन से ही कृष्ण-भक्ति की भावना जन्म ले चुकी थी। इसलिए वे कृष्ण को अपना आराध्य और पति मानती रही।

इन्होंने देश में दूर-दूर तक यात्राएँ कीं। चित्तौड़ राजघराने में अनेक कष्ट उठाने के बाद ये वापस मेड़ता आ गयीं। यहाँ से उन्होंने कृष्ण की लीला भूमि वृन्दावन की यात्रा की। जीवन के अन्तिम दिनों में वे द्वारका चली गयीं। माना जाता है कि वहीं रणछोड़दास जी के मन्दिर की मूर्ति में वे समाहित हो गयी। इनका देहावसान 1546 ई. में माना जाता है।

रचनाएँ–मीरा ने मुख्यतः स्फुट पदों की रचना की। ये पद 'मीराबाई की पदावली' के नाम से संकलित है॥ दूसरी रचना नरसीजी-रो-माहेरो है।

साहित्यिक विशेषताएँ–मीरा सगुण धारा की महत्त्वपूर्ण भक्त कवयित्री थी। कृष्ण की उपासिका होने के कारण इनकी कविता में सगुण भक्ति मुख्य रूप से मौजूद है, लेकिन निर्गुण भक्ति का प्रभाव भी मिलता है। सन्त कवि रैदास उनके गुरु माने जाते हैं। इन्होंने लोकलाज और कुल की मर्यादा के नाम पर लगाये गये सामाजिक और वैचारिक बन्धनों का हमेशा–विरोध किया। इन्होंने पर्दा प्रथा का पालन नहीं किया तथा मन्दिर में सार्वजनिक रूप से नाचने-गाने में कभी हिचक महसूस नहीं की। मीरा सत्संग को ज्ञान प्राप्ति का माध्यम मानती थीं और ज्ञान को मुक्ति का साधन। निन्दा से वे कभी विचलित नहीं हुईं। वे उस युग के रूढ़िग्रस्त समाज में स्त्री-मुक्ति की आवाज बनकर उभरी।

पद

●

मीराँबाई

(1)

मेरे तो गिरिधर गोपाल, दूसरों न कोई।
जा के सिर मोर-मुकुट, मेरो पति सोई॥
छाँड़ि दयी कुल की कानि, कहा करिहैं कोई?
सन्तन ढिग बैठि-बेठि, लोक-लाज खोयी॥
असुवन जल सींचि-सींचि, प्रेम-बलि बोयी।
अब त बेलि फॅलि गायी, आणद-फल होयी॥
दूध की मथनियाँ बड़े प्रेम से विलायी।
दधि मथि घृत काढ़ि लियों, डारि दयी छोयी॥
भगत देखि राजी हुई, जगत देखि रोई।
दासि मीरा लाल गिरधर तारो अब मोही॥ (पृष्ठ-137)

(2)

पायो जी मैंने राम रतन धन पायो...
वस्तु अमोलिक दी मेरे सतगुरु किरपा करि अपनायो।
जनम जनम की पूँजी पायी जग में सभी खोवायो॥
खरचौ न खूटै चोर न लूटै दिन दिन बढ़त सवायो।
सत की नाव खेवटिया सतगुरु भवसागर तर आयो॥
मीरा के प्रभु गिरिधर नागर हरष हरष जस गायो।

(3)

हे री मैं तो प्रेम-दिवानी मेरो दरद न जाणै कोय।
दरद की मारी बन बन डोलूँ बैद मिल्यो नहीं कोय॥
ना मैं जानूँ आरती वन्दन, ना पूजा की रीत।
लिये री मैंने दो नैनो के दीपक लिए सँजोये॥
घायल की गति घायल जाणै, जो कोई घायल होय।
जौहरि की गति जौहरी जाणै की जिन जौहर होय॥
सूली ऊपर सेज हमारी, सोवण किस बिध होय।
गगन मण्डल पर सेज पिया की, मिलणा किस बिध होय॥
दरद की मारी बन-बन डोलूँ बैद मिल्यो नहिं कोय।

रहीम

रहीमदास जी का पूरा नाम अब्दुल रहीम खान-ए-खाना है और इनका जन्म 17 दिसम्बर, 1556 को लाहौर में हुआ था। जो लाहौर अभी पाकिस्तान में स्थित है। इनके पिता का नाम बैरम खान और माता का नाम सुल्ताना बेगम था।

बैरम खान एक तुर्की परिवार से थे और हुमायूँ की सेना में शामिल हो गये थे। बैरम खान अकबर किशोरावस्था में संरक्षक के रूप में भी थे। बैरम खान ने हुमायूँ की मुगल साम्राज्य को वापस स्थापित करने में सहायता की थी।

हुमायूँ ने जमाल खान की बड़ी बेटी से अपना विवाह किया था। फिर हुमायूँ ने बैरम खान को जमाल खान की छोटी बेटी से विवाह करने को कहा। बैरम खान ने हुमायूँ के कहने पर जमाल खान की छोटी बेटी से विवाह कर लिया और उससे बैरम खान को रहीम पुत्र मिला। एक बार बैरम खान हज के लिए जा रहे थे तब गुजरात के पाटन में विश्राम के लिए वहाँ ठहरे थे।

वे पाटन की प्रसिद्ध सहस्रलिंग तालाब में नहाकर और नौका विहार करके जैसे ही वहाँ से निकले तो बैरम खान के पुराने विरोधी अफगान सरदार मुबारक खाँ ने उनकी पीठ में छुरा डालकर धोखे से हत्या कर दी। वहाँ से बैरम खान की पत्नी सुल्ताना बेगम अपने सेवकों के साथ अहमदाबाद के लिए निकल गयी। जब इस बात की खबर अकबर को लगी तब अकबर ने सुल्ताना बेगम को अपने दरबार में हाजिर होने का आदेश दिया।

जैसे ही सन्देश पहुँचा तो सुल्ताना बेगम दरबार में हाजिर हुई। वहाँ पर अकबर ने रहीम को अपने पुत्र के समान रखने का आदेश दिया कि इसको किसी चीज की कमी नहीं आनी चाहिए। रहीम को हमेशा मेरी आँखों के सामने ही रखा जाये। फिर बाद में अकबर ने सुल्ताना बेगम से शादी कर ली और रहीम को 'मिर्जा खान' की उपाधि दी।

रहीम के शिक्षक की भूमिका मुल्ला मुहम्मद अमीन ने निभायी। इन्होंने रहीम को अरबी, तुर्की और फारसी भाषा का ज्ञान दिया। इन्होंने रहीम को छन्द रचना और फारसी व्याकरण का भी ज्ञान दिया था। रहीम की रचनाएँ और दोहे आज भी पढ़े जाते हैं।

रहीमदास की शिक्षा पूरी हो जाने के बाद 16 साल की उम्र में मुगल बादशाह अकबर ने रहीम का विवाह मिर्जा अजीज कोका की बहन माहबानो से करा दिया। रहीम के दो बेटियाँ और तीन बेटे हुए। रहीम के बेटों के नाम भी अकबर ने ही रखे थे। रहीम के बेटों के नाम इरीज, दाराब और फरन थे।

फिर रहीम का एक और विवाह हुआ जो एक सौदा जाति की लड़की से हुआ था। इससे रहीम को एक बेटा हुआ। जिसका नाम रहमान दाद रखा। रहीमदास का तीसरा विवाह भी हुआ। यह विवाह एक दासी से हुआ था। इस पत्नी से भी उन्हें एक बेटा हुआ, जिसका नाम मिर्जा अमरुल्ला रखा।

रहीम कवि के रूप में प्रसिद्ध हुए—मुगल बादशाह अकबर का दरबार ही एक ऐसा दरबार था जिसमें धर्म निरपेक्षता चलती थी। अकबर के दरबार में सभी धर्मों के देवी-देवताओं को उचित सम्मान दिया जाता था। रहीमदास श्रीकृष्ण के भक्त थे। अकबर ने धर्म-निरपेक्ष होने के कारण कभी रहीम की कृष्ण भक्ति का विरोध नहीं किया।

रहीम के दोहे आज भी कई पाठ्य पुस्तकों में देखे जा सकते हैं। रहीम की कृष्ण भक्ति और हिन्दू धर्म को सम्मान देने पर रहीम को रहीमदास जी कहा जाने लगा। फिर रहीमदास जी की गिनती तुलसीदास और सूरदास जैसे कवियों में होने लगी। रहीमदास जी ने ज्योतिष पर अपनी दो पुस्तकें भी लिखीं जो काफी प्रसिद्ध हैं। उनका नाम कौतुकम और द्वाविष्ट योगावली है।

भक्तिकाल से रहीम का हिन्दी साहित्य में बहुत ही महत्त्वपूर्ण स्थान रहा है। रहीम जी ने अपने जीवनकाल में संस्कृत, अरबी, हिन्दी, फारसी जैसी कई भाषाओं का बहुत अच्छे तरीके से अध्ययन किया। रहीम जी राज दरबार में कई पदों पर कार्यरत थे, लेकिन इन पदों के कार्यभार सँभालने के साथ ही साहित्य में भी अपना योगदान देते थे। रहीम जी एक प्रभावशाली व्यक्ति थे, जो काव्य, संगीत, हाजिर जवाबी के लिए प्रसिद्ध थे। रहीम जी एक योद्धा होने के साथ ही अच्छे दानवीर भी थे।

रहीमदास जी ने अपनी कविताओं में रहीम का प्रयोग नहीं करके रहिमन का प्रयोग अधिक किया है। रहीम जी काव्य जगत और इतिहास में अब्दुल रहीम खानखाना नाम से अधिक प्रसिद्ध हैं। रहीम जी की एक बात जो उन्हें सबसे अलग थी कि वे एक मुसलमान होते हुए भी भगवान श्रीकृष्ण के बहुत भक्त थे। उनकी काव्य रचनाओं में भक्ति-प्रेम, नीति, शृंगार रस आदि का अधिक समावेश है।

पद

●

रहीम

(1)

जो रहीम उत्तम प्रकृति, का करी सकत कुसंग।
चन्दन विष व्यापे नहीं, लिपटे रहत भुजंग॥

(2)

पावस देखि रहीम मन, कोइल साधे मौन।
अब दादुर वक्ता भये, हमको पूछे कौन॥

(3)

रहिमन देखि बड़ेन को, लघु न दीजिए डारि।
जहाँ काम आवै सुई, कहाँ करै तलवारि॥

(4)

बड़े बड़ाई ना करैं, बड़ो न बोलैं बोल।
रहिमन हीरा कब कहै, लाख टका मेटो मोल॥

(5)

रहिमन या संसार में, सब सो मिलिय धाइ।
ना जानैं केहि रूप में, नारायण मिलि जाइ॥

भूषण

कविवर भूषण का जीवन विवरण अभी तक संदिग्धावस्था में ही है। उनके जन्म मृत्यु, परिवार आदि के विषय में कुछ भी निश्चित रूप से नहीं कहा जा सकता। आचार्य रामचन्द्र शुक्ल के अनुसार भूषण का जन्म संवत् 1670 तदनुसार ईसवी 1613 में हुआ। उनका जन्म स्थान कानपुर जिले में तिकवाम्पुर नाम का ग्राम बताया जाता है। उनके पिता का नाम रत्नाकर त्रिपाठी था। वे कान्यकुब्ज ब्राह्मण थे।

भूषण के वास्तविक नाम का ठीक पता नहीं चलता। शिवराज भूषण ग्रन्थ के निम्न दोहे के अनुसार भूषण उनकी उपाधि है जो उन्हें चित्रकूट के राज हृदयराम के पुत्र रुद्रशाह ने दी थी–

कुल सुलंकि चित्रकूट-पति साहस सील-समुद्र।
कवि भूषण पदवी दई, हृदयराम सुत रुद्र॥

कहा जाता है कि भूषण कवि मतिराम और चिन्तामणि के भाई थे। एक दिन भाभी के ताना देने पर उन्होंने घर छोड़ दिया और कई आश्रमों में गये। यहाँ आश्रय प्राप्त करने के बाद शिवाजी के आश्रम में चले गये और अन्त तक वहीं रहे।

पन्ना नरेश छत्रसाल से भी भूषण का सम्बन्ध रहा। वास्तव में भूषण केवल शिवाजी और छत्रसाल इन दो राजाओं के ही सच्चे प्रशंसक थे। उन्होंने स्वयं ही स्वीकार किया है–

और राव राजा एक मन में न ल्याऊँ अब।
साहू को सराहों कै सराहौं छत्रसाल को॥

संवत् 1772 तदनुसार ईसवी 1705 में भूषण परलोकवासी हो गये।

भूषण जी अन्त तक शिवाजी के आश्रम में ही रहे और भाभी के ताने पर कहा कि 'जब कमाकर लायेंगे तभी खायेंगे बाद में इन्होंने भाभी को एक लाख रुपये तक का नमक भिजवाया। भूषण जी की अभिलाषा थी कि हिन्दू जाते का गौरव बड़े और उन्नति हो।

भूषण जी के दूसरे आश्रय दाता महाराज छत्रसाल थे। भूषण जी ने अपने काव्य ग्रन्थों में शिवाजी और छत्रसाल इन्हीं दोनों की वीरता और सद्गुणों का वर्णन किया है। भूषण जी ने शिवाजी और छत्रसाल के सद्गुणों से प्रभावित होकर कहा था

शिवा को सराही के सराहों छत्रसाल को।

भूषण जी ने अपनी रचनाओं में वीर रस को समलित किया। इन्होंनें अपनी काव्य–रचनाओं में असहाय हिन्दू समाज की वीरता को दर्शाया। इनकी कविता में वीररस, दानवीर और धर्मवीर के वर्णन प्रचुर मात्र में मिलते हैं। भूषण जी ने वीर नायकों के सद्गुणों से परिपूर्ण रचनाओं का गुणगान किया है। इनकी रचनाओं में दृश्य रचना काफ़ी प्रसिद्ध हैं। इन्होंने युद्ध के दृश्यों को बहुत ही अच्छे तरीक से चित्रित किया है।

महाकवि भूषण के द्वारा लिखे हुए प्रमुख तीन ग्रन्थ–1. शिवराज भूषण 2. शिवाबावनी 3. छत्रसाल दशक हैं। ये तीनों ही रचनाएँ वीररस से युक्त हैं। इन ग्रन्थों में वीररस के कवि शिवाजी और छत्रसाल की वीरता का वर्णन किया गया है। इनके अन्य ग्रन्थ भूषण उल्लास, भूषण हजारा, दूषनोल्लासा भी हैं।

पद

•

भूषण

(1)

इन्द्र जिमि जम्भ पर बाड़व ज्यौं अम्भ पर,
रावन सदंभ पर, रघुकुल राज है॥
पौन बारिबाह पर, सम्भु रतिनाह पर,
ज्यौं सहस्रबाह पर राम-द्विजराज है॥
दावा द्रुम दण्ड पर, चीता मृगझुंड पर,
'भूषन वितुण्ड पर, जैसे मृगराज है॥
तेज तम अंस पर, कान्ह जिमि कंस पर,
त्यौं मलिच्छ बंस पर, सेर सिवराज है॥।

(2)

राखी हिन्दुवानी हिन्दुवान को तिलक राख्यो
अस्मृति पुरान राखे बेद बिधि सुनीमै॥
राखी रजपूती राजधानी राखी राजन की
धरामैं धरम राख्यो गुन राख्यो गुनीमै॥
भूषन सुकबि जीति हद्द मरहट्ठन की
देस-देस कीरति बखानी तव सुनी मै॥
साहि के सपूत सिवराज समसेर तेरी दिल्ली
दल दाबि कै दिवाल राखी दुनी में

(3)

निकसत म्यान तें मयूखैं प्रलैभानु कैसी
फारैं तमतोम से गयंदन के जाल को॥
लागति लपकि कण्ठ बैरिन के नागिन सी
रुद्रहि रिझावै दै दै मुण्डन की माल को॥
लाल छितिपाल छत्रसाल महाबाहु बली
कहाँ लों बखान करौं तेरी करवाल को॥
प्रयिभट कटक कटीले केते काटि काटि
कालिका सी किलकि कलेऊ देति कालको॥

अयोध्यासिंह उपाध्याय 'हरिऔध'

अयोध्यासिंह उपाध्याय 'हरिऔध' का जन्म सन् 1865 ई. में उत्तर प्रदेश के आजमगढ़ जिले के निजामाबाद कस्बे में हुआ था। नॉर्मल की परीक्षा पास कर उन्होंने अध्यापन का कार्य शुरू कर दिया था। कई वर्ष तक वे कानूनगो के पद पर भी कार्य करते रहे।

सरकारी नौकरी से अवकाश ग्रहण कर उन्होंने हिन्दू विश्वविद्यालय, वाराणसी में अवैतनिक अध्यापक के रूप में कार्य किया। वे उर्दू, फारसी और संस्कृत के विद्वान थे। स्वाध्याय द्वारा ही उन्होंने इन भाषाओं का ज्ञान प्राप्त किया था। सन् 1945 ई. में उनका निधन हो गया। प्रियप्रवास, वैदेही वनवास, पारिजात, रसकलश, चोखे-चौपदे आदि अनेक ग्रन्थों की उन्होंने रचना की थी।

कविवर अयोध्यासिंह उपाध्याय 'हरिऔध' की भाषा-शैली में प्रवाह और ओज है। उसमें भावों का जैसा उच्चस्तरीय प्रवाह है, वैसे ही शब्दों के चुनाव में भी। दूसरे शब्दों में यह कि कविवर 'हरिऔध' की भाषा की शब्दावली तत्सम शब्दों की है। ऐसे तत्सम शब्द उनकी भाषा के हैं जो बहुत प्रचलित होकर अपने अर्थ-भाव को गम्भीरता के साथ व्यक्त करते हैं। इस प्रकार के शब्दों से ढली हुई शैली सरल, चलती-फिरती और भावपूर्ण है। उसमें गीत, प्रभाव और अभिप्राय की त्रिवेणी प्रवाहित हुई है।

अपनी रचनाओं में हरिऔध ने विभिन्न शैलियों का सम्मिश्रण किया है। इनकी अधिकांश रचनाएँ खड़ी बोली में हैं। उनकी कविताओं में ब्रजभाषा और खड़ी बोली का सम्मिश्रण देखने को मिलता है। उर्दू, फारसी के शब्दों से युक्त हरिऔध की भाषा शैली प्रौढ़, प्रांजल और आकर्षक है जिसमें संस्कृत के तत्सम शब्दों की अधिकता देखने को मिलती है। नवीन और प्रचलित शब्दों से युक्त हरिऔध की रचनाओं में भाषा का अद्‌भुत अधिकार देखने को मिलता है। उनके काव्यों में सम्पूर्ण रस की प्रधानता और छन्द योजनाओं की पर्याप्त विविधता भी

देखने को मिलती है। इसके अतिरिक्त अलंकार प्रिय रीतिकालीन प्रभाव हरिऔध की रचनाओं में देखने को मिलता है।

हिन्दी के सुप्रसिद्ध साहित्यकार होने के कारण हरिऔध को दो बार 'हिन्दी साहित्य सम्मेलन' का सभापति बनाया गया जिसमें उन्हें 'विद्यावाचस्पति' की उपाधि से सम्मानित किया गया। 'प्रियप्रवास' हरिऔध का सबसे प्रसिद्ध और महत्त्वपूर्ण ग्रन्थ है। यह हिन्दी खड़ी बोली का प्रथम 'महाकाव्य' है और इससे मलाप्रसाद पुरस्कार प्राप्त हो चुका है। प्रियप्रवास में कृष्ण के मथुरा गमन का मार्मिक वर्णन है। कृष्ण के वियोग में सारा ब्रज दुःखी है। राधा की स्थिति और भी अकथनीय है। पुत्र वियोग में यशोदा का करुण चित्र हरिऔध ने खींचा है जो पाठक के हृदय को द्रवीभूत करता है।

हरिऔध ने गद्य और पद्य के माध्यम से हिन्दी भाषा को आबाद किया। हरिऔध ने सर्वप्रथम खड़ी बोली में काव्य रचना करके यह सिद्ध किया कि उनमें भी ब्रजभाषा के समान खड़ी बोली की कविता के समान सरसता और मधुरता आ सकती है। समस्त गुणों से परिपूर्ण हरिऔध को एक सर्वश्रेष्ठ कवि माना जाता है। प्रियप्रवास की काव्यगत विशेषताओं के कारण प्रियप्रवास को हिन्दी महाकाव्य में 'माइलस्टोन' की संज्ञा दी गयी है।

हरिऔध जी ने पद्य और गद्य, दोनों प्रकार की रचनाएँ की हैं। उनकी प्रमुख रचनाएँ निम्नलिखित हैं-

1. महाकाव्य–प्रिय-प्रवास, वैदेही-वनवास
2. मुक्तक काव्य–चोखे-चौपदे, चुभते-चौपदे, रस-कलश, बोल चाल, पद्य-प्रसून, कल्पलता, प्रेमाम्बु प्रवाह, प्रेम पुष्पोपहार आदि
3. आलोचनात्मक ग्रन्थ–हिन्दी भाषा और साहित्य का विकास, कबीर-वचनावली की आलोचना, रस-कलश आदि की भूमिकाएँ
4. उपन्यास–ठेठ हिन्दी का ठाठ, अधखिला फूल, प्रेमकान्ता
5. नाटक–प्रद्युम्न विजय, रुक्मिणी परिणय

हरिऔध जी की रचनाओं में देशसेवा, समाजसेवा तथा राष्ट्रप्रेम की भावनाएँ प्रखर रूप में विद्यमान हैं। द्विवेदी युग के कवियों में इन्हें बहुत ऊँचा स्थान प्राप्त है।

हरिऔध जी का हिन्दी जगत में आगमन उस समय हुआ जब देश में नयी चेतना का उदय हो रहा था। स्वामी दयानन्द, राजा राममोहन राय, स्वामी विवेकानन्द, रवीन्द्रनाथ टैगोर आदि के प्रभाव से जनता में जागरूकता आ रही थी। ऐसे समय में होने वाले कवि के काव्य में एक प्रकार की ज़ागरूकता तथा

नवीनता का होना स्वाभाविक ही था। उनकी रचनाओं में विश्वबन्धुत्व, लोकसेवा, दीन-दुःरुखियों के प्रति दया, सत्य, अहिंसा आदि भावनाओं की झलक स्पष्ट दिखाई पड़ती है। हरिऔध जी ने पुराणों से कथानक ग्रहण किये, किन्तु पौराणिक चरित्रों को भी कुछ ऐसा रूप दिया कि वे आज के बुद्धिवादी, पौराणिक कथाओं में आस्था न रखने वाले मानव के लिए भी ग्राह्य तथा मान्य हो गये हैं। श्रीकृष्ण द्वारा गोवर्धन पर्वत उठाये जाने वाली घटना का आधुनिक रूप दर्शनीय है।

हरिऔध की काव्यगत विशेषताओं की प्रशंसा करते हुए निराला जी ने उन्हें हिन्दी का सार्वभौमिक कवि कहा है। वह खड़ी बोली, उर्दू के मुहावरे, ब्रजभाषा, कठिन सरल सब प्रकार की कविताओं की रचना कर सकते हैं। प्राचीन और आधुनिक भावों के मिश्रण से उनके काव्य में एक अद्भुत चमत्कार उत्पन्न होता है। वर्ण विषय, वियोग-वात्सल्य वर्णन, लोक सेवा की भावना, प्रकृति चित्रण इनकी काव्य शैली के प्रमुख विषय रहे हैं, जो सरल, स्वभावी और हिदयग्राही भाषा में रचित हैं।

आज हिन्दी भाषा को लगभग 50 करोड़ से अधिक लोग बोल रहे हैं। हिन्दी की खड़ी बोली के विकास में हरिऔध का ऐतिहासिक योगदान रहा है। एक अमेरिकन 'इनसाइक्लोपीडिया' ने उनके परिचय में उन्हें विश्व का सर्वश्रेष्ठ कवि रेखांकित किया है। यदि 'प्रियप्रवास' खड़ी बोली का प्रथम महाकाव्य है, तो हरिऔध को खड़ी बोली का प्रथम 'महाकवि' कहा जा सकता है।

कर्मवीर

●

अयोध्यासिंह उपाध्याय 'हरिऔध'

देख कर बाधा विविध, बहु विघ्न घबराते नहीं।
रह भरोसे भाग के दुःख भोग पछताते नहीं।
काम कितना ही कठिन हो किन्तु उकताते नहीं।
भीड़ में चंचल बने जो वीर दिखलाते नहीं।
हो गये एक आन में उनके बुरे दिन भी भले।
सब जगह सब काल में वे ही मिले फूले फले।1।

आज करना है जिसे करते उसे हैं आज ही।
सोचते कहते हैं जो कुछ कर दिखाते हैं वही।
मानते जी की हैं सुनते हैं सदा सब की कही।
जो मदद करते हैं अपनी इस जगत में आप ही।
भूल कर वे दूसरों का मुँह कभी तकते नहीं।
कौन ऐसा काम है वे कर जिसे सकते नहीं।2।

जो कभी अपने समय को यों बिताते हैं नहीं।
काम करने की जगह बातें बनाते हैं नहीं।
आजकल करते हुए जो दिन गँवाते हैं नहीं।
यत्न करने में कभी जो जी चुराते हैं नहीं।
बात है वह कौन जो होती नहीं उनके किये।
वे नमूना आप बन जाते हैं औरों के लिए।3।

व्योम को छूते हुए दुर्गम पहाड़ों के शिखर।
वे घने जंगल जहाँ रहता है तम आठों पहर।

गर्जते जल-राशि की उठती हुई ऊँची लहर।
आग की भयदायिनी फैली दिशाओं में लवर।
ये कँपा सकतीं कभी जिसके कलेजे को नहीं।
भूलकर भी वह नहीं नाकाम रहता है कहीं।4।

चिलचिलाती धूप को जो चाँदनी देवें बना।
काम पड़ने पर करें जो शेर का भी सामना।
जो कि हँस हँस के चबा लेते हैं लोहे का चना।
'है कठिन कुछ भी नहीं' जिनके है जी में यह ठना।
कोस कितने ही चलें पर वे कभी थकते नहीं।
कौन-सी है गाँठ जिसको खोल वे सकते नहीं।5।

ठीकरी को वे बना देते हैं सोने की डली।
रेग को करके दिखा देते हैं वे सुन्दर खली।
वे बबूलों में लगा देते हैं चम्पे की कली।
काक को भी वे सिखा देते हैं कोकिल-काकली।
ऊसरों में हैं खिला देते अनूठे वे कमल।
वे लगा देते हैं उकठे काठ में भी फूल फल।6।

काम को आरम्भ करके यों नहीं जो छोड़ते।
सामना करके नहीं जो भूल कर मुँह मोड़ते।
जो गगन के फूल बातों से वृथा नहिं तोड़ते।
सम्पदा मन से करोड़ों की नहीं जो जोड़ते।
बन गया हीरा उन्हीं के हाथ से है कारबन।
काँच को करके दिखा देते हैं वे उज्ज्वल रतन।7।

पर्वतों को काटकर सड़कें बना देते हैं वे।
सैकड़ों मरुभूमि में नदियाँ बहा देते हैं वे।
गर्भ में जल-राशि के बेड़ा चला देते हैं वे।
जंगलों में भी महा-मंगल रचा देते हैं वे।
भेद नभ तल का उन्होंने है बहुत बतला दिया।
है उन्होंने ही निकाली तार तार सारी क्रिया।8।

कार्य्य-थल को वे कभी नहिं पूछते 'वह है कहाँ'।
कर दिखाते हैं असंभव को वही संभव यहाँ।
उलझनें आकर उन्हें पड़ती हैं जितनी ही जहाँ।
वे दिखाते हैं नया उत्साह उतना ही वहाँ।
डाल देते हैं विरोधी सैकड़ों ही अड़चने।
वे जगह से काम अपना ठीक करके ही टले।9।

जो रुकावट डाल कर होवे कोई पर्वत खड़ा।
तो उसे देते हैं अपनी युक्तियों से वे उड़ा।
बीच में पड़कर जलधि जो काम देवे गड़बड़ा।
तो बना देंगे उसे वे क्षुब्ध पानी का घड़ा।
बन खगालेंगे करेंगे व्योम में बाजीगरी।
कुछ अजब धुन काम के करने की उनमें है भरी।10।

सब तरह से आज जितने देश हैं फूले फले।
बुद्धि, विद्या, धान, विभव के हैं जहाँ डेरे डले।
वे बनाने से उन्हीं के बन गये इतने भले।
वे सभी हैं हाथ से ऐसे सपूतों के पले।
लोग जब ऐसे समय पाकर जनम लेंगे कभी।
देश की औ जाति की होगी भलाई भी तभी।

माखनलाल चतुर्वेदी

साहित्य जगत के प्रखर लेखक माखनलाल चतुर्वेदी का जन्म 4 अप्रैल, 1838 को बाबई, होशंगाबाद (मध्य प्रदेश) में हुआ था इनके पिता का नाम नन्दलाल चतुर्वेदी था। ये अपनी ग्राम सभा में स्थित प्राथमिक विद्यालय में ही अध्यापन का कार्य करते थे। माखनलाल की प्रारम्भिक शिक्षा गाँव में हुई और स्वाध्याय से द्वारा ही इन्होंने घर में संस्कृत, बाँगला, अंग्रेजी, गुजराती आदि भाषाओं का अच्छा ज्ञान अर्जित कर लिया। इनके समय में देश के लोगों में स्वतन्त्रता के लिए काफी उतार-चढ़ाव का माहौल बना था और देश में कई राष्ट्रीय आन्दोलन के संगठन बगावत के लिए तैयार थे। उसी समय चतुर्वेदी जी तत्कालीन राष्ट्रीय आन्दोलन से प्रभावित होकर महात्मा गाँधी के सत्याग्रह के अमोद शस्त्र को सफल बनाने में लग गये। सामाजिक सुधार की दिशा में इन्होंने अपना कदम आगे बढ़ाय जिसमें सर्वप्रथम माधवराव सप्रे के 'हिन्दी केसरी' में सन् 1908 में 'राष्ट्रीय आन्दोलन और बहिष्कार' विषय निबन्ध प्रतियोगिता का आयोजन किया। साहित्य के प्रति इनकी रचनाओं का धीरे-धीरे सम्मिश्रण आरम्भ हो चुका था। एक राष्ट्रभक्त होने के साथ-साथ चतुर्वेदी जी एक कुशल अध्यापक भी थे जो कि इनके सक्षम एवं सुव्यवस्थित कार्य शैली को प्रतिबिम्बित करता है।

सन् 1913 ई. में वे अध्यापक की नौकरी छोड़कर पूर्णरूप से पत्रकारिता, साहित्य और राष्ट्र की सेवा में लग गये। लोकमान्य तिलक के उद्घोष 'स्वतन्त्रता हमारा जन्मसिद्ध अधिकार है' को ये बहुत ही कर्मठता से अपने राष्ट्रीय आन्दोलन में उतार लिये थे! चतुर्वेदी जी ने खण्डवा से प्रकाशित मासिक पत्रिका 'प्रभा' का सम्पादन किया। इन्होंने अपने राष्ट्रीय आन्दोलन में महात्मा गाँधी के द्वारा आह्त सन् 1920 के 'असहयोग आन्दोलन' में महा कौशल अंचल से पहली गिरफ्तारी इन्हीं की थी! इसी तरह 1930 के सविनय अवज्ञा आन्दोलन में भी गिरफ़्तारी देने का प्रथम सम्मान इन्हीं को मिला! राष्ट्र के प्रति समर्पित यह स्वतन्त्रता संग्राम सेनानी 30 जनवरी, 1938 को परलोक वासी हो गये।

पुष्प की अभिलाषा

●

माखनलाल चतुर्वेदी

चाह नहीं मैं सुरबाला के
गहनों में गूँथा जाऊँ,
चाह नहीं, प्रेमी-माला में
बिंध प्यारी को ललचाऊँ,
चाह नहीं, सम्राटों के शव
पर हे हरि, डाला जाऊँ।
चाह नहीं, देवों के सिर पर
चढ़ूँ भाग्य पर इठलाऊँ
मुझे तोड़ लेना वनमाली!
उस पथ पर देना तुम फेंक,
मातृभूमि पर शीश चढ़ाने
जिस पथ जावें वीर अनेक।

मैथिलीशरण गुप्त

मैथिलीशरण गुप्त का जन्म 1886 में उत्तर प्रदेश के झाँसी जिले के चिरगांव में हुआ। गुप्त जी का परिवार प्रतिष्ठित वैष्णव रहा है। इनके पिता का नाम चरण था जिन्हें 'कनकलता' नाम से भी पहचाना जाता था, जो एक कवि थे। गुप्त जी बचपन से ही कविता करते थे। गुप्त जी का मन पाठशाला में नही लगता था। अतः इन्होंने घर पर ही बंगाली, मराठी, संस्कृत आदि भाषाओं का सम्यक ज्ञान प्राप्त किया। महावीर प्रसाद द्विवेदी जी की प्रेरणा एवं प्रोत्साहन से इनकी लेखनी प्रबल हुई तथा काव्य सृजन होता रहा। गुप्त जी में राष्ट्रीय चेतना भरी थी जिससे उन्हें राष्ट्र कवि कहा गया। आगरा विश्वविद्यालय ने आपको साहित्य सेवाओं पर डिलिट की मानद उपाधि प्रदान की। राष्ट्रकवि की यह उपाधि आपको महात्मा गाँधी से मिली थी। सन् 1954 में भारत सरकार ने आप को 'पद विभूषण' की उपाधि से अलंकृत किया था। आप स्वतन्त्र भारत की राज्यसभा के दो बार मनोनीत सदस्य भी रहे थे। आपका देहावसान 12 सितम्बर, 1964 को हुआ। गुप्त जी ने द्विवेदी युग से लिखना शुरू किया था। आपकी ख्याति के मुख्य आधार साकेत, द्वापर जयभारत, विष्णुप्रिय, भारत भारती, जयद्रथ वध, यशोधरा, पंचवटी, नहुष, विपथगा, रंग में भंग आदि हैं। जिनका हिन्दी साहित्य में महत्त्वपूर्ण स्थान है।

'शिक्षा की अवस्था' कविता के माध्यम से गुप्त जी ने हमें सजग किया है। वर्तमान में शिक्षा या ज्ञान प्राप्त करने के मार्ग बहुत ही क्लिष्ट बन चुके है। शिक्षा क्षेत्र से जुड़े बड़े-बड़े लोगों का ध्यान विशिष्ट है जिसमें शिक्षा दूरस्थ है। वह कहते हैं कि पूर्वजों के सद्गुणों को ध्यान में रखकर चिन्तन करे। पूर्वजों के सद्गुणों से जो परास्त होंगे उन्हें मानव जाति में रहने का अधिकार नहीं है। गुप्त जी नींद से जागने का आलस्य को त्यागने का सगज रहने का इशारा देते हैं वरना सर्वस्व नष्ट होने के भय को भी दर्शाते है। अन्त में कहते हैं कि कोई भी कार्य एकता से होता है जैसे शून्य के योग से ही एक अंक का दस बन जाता है।

शिक्षा की अवस्था

•

मैथिलीशरण गुप्त

हाँ! आज शिक्षा मार्ग भी संकीर्ण होकर क्लिष्ट है,
कुलपति-सहित उन गुरुकुलों का ध्यान भी अवशिष्ट है।
बिकने लगी विद्या यहाँ अब, शक्ति हो तो क्रय करो,
यदि शुल्क आदि ना दे सको तो मूर्ख बनकर ही मरो।

निज पूर्वजों रिके सद्‌गुणों को यत्न से मन में धरो,
सब आत्मा-परीभव-भाव तज निज रूप का चिन्तन करो।
निज पूर्वजों के सद्‌गुणों का गर्व जोर रखती नहीं,
वह जाती जीवित जातियों में रह नहीं सकती कहीं॥

हे भाइयों सोए बहुत अब तो उठो, जागो अहो!
देखो जरा अपनी दशा, आलस्य हो त्यागो अहो!
कुछ पार है, क्या-क्या समय उलट-फेर ना हो चुके!
अब भी सजग होगे न क्या? सर्वस्त तो बुक हो चुके!

हाय कार्य ऐसा कौन-सा साधे न जिसको एकता?
देती नहीं अद्‌भुत आलौकिक शक्ति किसको एकता?

दो एक एकादश हुए, कितने नहीं देखो सुने?
हाँ, शून्य के भी योग से है अंक होते दस गुने।

सूर्यकान्त त्रिपाठी 'निराला'

सूर्यकान्त त्रिपाठी 'निराला' का जन्म सरस्वती वन्दना अर्थात् वसन्त पंचमी के दिन 21 फरवरी, 1896 को गढ़कोला (बंगाल) नामक ग्राम में हुआ था। ये कान्यकुब्ज ब्राह्मण थे। इनके पिता पं. रामसहाय बंगाल में मेदनीपुर जिले के महिषादल में नौकरी करते थे। वहाँ एक सिपाही के रूप में इनकी भर्ती हुई थी। बाद में ये राज्यकोष के संरक्षक के रूप में नियुक्त हो गये। लोगों का कहना है कि निराला जी की माँ एक तो सूर्य का व्रत रखती थीं, दूसरे उनका जन्म रविवार को हुआ, यही कारण है कि उनका नाम सूर्यकुमार रखा गया। जिसे बाद में स्वयं निराला ने बदल दिया था।

निराला तीन वर्ष के थे कि उनकी माता की मृत्यु हो गयी। बड़े होने पर महिषादल-राज्य के हाईस्कूल में वे प्रविष्ट हुए, जहाँ उन्होंने नौवीं कक्षा तक शिक्षा प्राप्त की। 1911 इे. में उनका विवाह कर दिया गया। उस समय वे पन्द्रह वर्ष के थे और उनकी पत्नी बारह वर्ष की थी। उनकी पत्नी मनोहरा देवी रायबरेली जिले में डलमऊ के पं. रामदयाल की पुत्री थी। वे सुन्दर, शिक्षित और संगीत में निपुण थी। उनसे 1914 ई. में एक पुत्र और 1917 में ई. में एक पुत्री का जन्म हुआ। पुत्र का नाम रामकृष्ण और पुत्री का नाम सरोज रखा गया। 1918 ई. में निराला विधुर हो गये। उस समय वे केवल बाईस वर्ष के थे। तीन वर्ष की अवस्था में माँ छोड़कर चली गयी और बाईस वर्ष की अवस्था में आर्द्धांगिनी, स्मृति के रूप में तीन वर्ष के पुत्र और एक वर्ष की पुत्री का उत्तरदायित्व। यहीं से निराला के जीवन संघर्ष का सिलसिला आरम्भ हो गया। पिता इससे पूर्व दिवंगत हो चुके थे। इतना ही नहीं अपने दो बच्चों के भरण-पोषण का भार उनके कन्धों पर था ही, अपने चाचा के चार और बच्चों का भार भी उन्हीं के कन्धों पर आ पड़ा।

निराला जी का व्यक्तित्व ऐसा था कि अपने सम्पर्क में आये व्यक्ति को चाहे वह शिक्षित हो अथवा अशिक्षित, अपने स्वभाव की विचित्रता और कोमलता से ऐसा अभिभूत कर देते थे कि एक बार मिलने के उपरान्त वह उन्हें कभी

विस्मरण कर ही नहीं सकता था। उन्हें जानने वाले शिक्षित व्यक्तियों की एक सीमा हो भी सकती है, किन्तु उन शिक्षित, सामान्य विपन्न और तिरस्कृत लोगों की कोई सीमा नहीं, जिन्हें निराला के हृदय की सहानुभूति और स्नेह प्राप्त हुआ।

निराला का सौन्दर्य-वर्णन स्थूल और सूक्ष्म दोनों कोटि का है। अंग-प्रत्यंग के वर्णन में मांसलता का समावेश है। नख-शिख-वर्णन में 'पंचवटी' की शूर्पनखा का रूप विशेष रूप से उल्लेखनीय है। नारी-सौन्दर्य के कुछ चित्र ऐसे हैं जो प्रकृति के माध्यम से व्यक्त हुए हैं। दूसरी कोटि के चित्र दिव्य सौन्दर्य के है। इसमें कवि ने देश-काल के प्रभाव से परे विश्व-सुन्दरी का चित्र अंकित किया है। इस रूप राशि को निराला की मानस प्रतिभा कह सकते है। सौन्दर्य के क्षेत्र में निराला वासना की मानसिकता से दिव्यता की ओर बढ़ गये हैं।

काव्य के क्षेत्र में निराला ने पैंतालिस वर्ष की साधना की। इसमें पहले बाईस वर्ष उनके काव्य के विकास के हैं पिछले बाईस वर्ष उसके धीरे-धीरे ह्रास के। उनके काव्य का पूवार्द्ध (1916-38) जैसा समृद्ध है, उत्तरार्द्ध (1939-61) वैसी ही साधारणता का परिचायक। 'अनामिका' से लेकर 'तुलसीदास' तक में क्लासिक भव्यता के साथ जिस कलात्मक सौष्ठव के दर्शन होते हैं; उसकी झलक तक 'कुकुरमुत्ता' से लेकर 'गीता गुंज' की रचनाओं में नहीं पायी जाती।

तोड़ती पत्थर

●

सूर्यकान्त त्रिपाठी 'निराला'

वह तोड़ती पत्थर;
देखा उसे मैंने इलाहाबाद के पथ पर-
वह तोड़ती पत्थर।
नहीं छायादार
पेड़ वह जिसके तले बैठी हुई स्वीकार;
श्याम तन, भर बँधा यौवन,
नत नयन, प्रिय-कर्म-रत मन,
गुरु हथौड़ा हाथ,
करती बार-बार प्रहार;
सामने तरु-मालिका अट्टालिका, प्राकार।
चढ़ रही थी धूप;
गर्मियों के दिन,
दिवा का तमतमाता रूप,
उठी झुलसाती हुई लू,
रुई ज्यों जलती हुई भू,
गर्द चिनगी छा गयी;
प्रायः हुई दुपहर–
वह तोड़ती पत्थर।
देखते देखा, मुझे तो एक बार
उस भवन की ओर देखा, छिन्न-तार;

देखकर कोई नहीं,
देखा मुझे उस दृष्टि से,
जो मार खा रोई नही;
सजा सहज सितार,
सुनी मैंने वह नहीं जो थी सुनी झंकार।

सुदामा पाण्डे 'धूमिल'

'धूमिल' उपनाम उन्होंने खुद चुना था। उनका मूल नाम सुदामा पाण्डे था। उनका जन्म 9 नवम्बर, 1936 को वाराणसी के खेवली ग्राम में एक सामान्य किसान परिवार में हुआ था। परिवार का जीविकोपार्जन किसानी और दुकानी पर निर्भर था। उनकी आरम्भिक शिक्षा-दीक्षा गाँव में ही हुई। तेरह वर्ष की अल्पायु में उनका विवाह भी सम्पन्न हो गया। वह उच्च शिक्षा के बारे में का कुछ सोचते, तभी पिता की मृत्यु से परिवार का उत्तरदायित्व उनके कन्धे पर आ गया। उन्होंने कलकत्ता में लोहे के एक कारखाने में मजदूरी की, फिर कुछ समय बाद एक ट्रेड कम्पनी की नौकरी करने लगे। बाद में उन्होंने आई.टी.आई. से इलेक्ट्रिक डिप्लोमा किया और अनुदेशक की नौकरी करने लगे। इन कुछ रोजगार अवसरों से गुजरते व्यवस्था और पूँजीवादी संरचना के प्रति उनका आक्रोश गहरा ही होता गया। व्यवस्था-विरोध उनके स्वभाव और उनकी कविता की एक विशेष प्रवृत्ति ही रही। उनकी कविताओं में यहाँ-वहाँ नजर आती 'अराजकता' युगीन प्रभाव की देन भी है। नक्सलबाड़ी स्वच्छन्दता का प्रभाव उस दौर के कई निम्नमध्यमवर्गीय कवियों में प्रकट हुआ है। 'धूमिल' के दृष्टिकोण की कुछ सीमितता उच्च शिक्षा और एक्सपोजर के अभाव के कारण भी है।

साठोत्तरी कविता में 'धूमिल' का उदय एक महत्त्वपूर्ण घटना की तरह हुआ। धूमिल के रूप में नयी कविता और अकविता के किसी संक्रमण सुरंग से हाथ में औजार लिये हिन्दी कविता का एक वास्तविक मजदूर-किसान सामने आया था जिसने अपने औजार हथियार की तरह समकालीन कविता-विमर्श पर तान दिये थे। लेकिन उसके औजार हथियार नहीं हैं। वह स्वयं आगाह करते हुए कहते हैं कि 'शब्द और शस्त्र के व्यवहार का व्याकरण अलग-अलग है। शब्द अपने वर्ग-मित्रों में कारगर होते हैं और शस्त्र अपने वर्ग-शत्रु पर।' उनका आक्रोश अकविता, क्रुद्ध युवा पीढ़ी या भूखी पीढ़ी के आक्रोश से इस मायने में भिन्न था कि इसके मूल में शोषण से मुक्ति की प्रबल आकांक्षा मौजूद थी।

उनका आक्रोश एक पूरी पीढ़ी, वर्ग और युग का आक्रोश भी था जो कविता, विमर्श, राजनीति में मुखर हो रहा था।

धूमिल की अपनी विशिष्ट काव्य-भाषा है जिसमें बहुलता से आमफहम शब्दों का प्रयोग हुआ है। उनकी कविताओं की सफलता और लोकप्रियता में बिम्बों की भी महत्त्वपूर्ण भूमिका रही है जो प्रखर और ताजे हैं। उनकी काव्य-भाषा की एक अन्य विशेषता बार-बार प्रकट होने वाले सामान्यीकरण हैं जो उनकी कविता में 'ड्रामा' के तत्त्वों का प्रवेश कराते हैं। देश की आजादी से मोहभंग उनकी कविताओं में अत्यन्त तीक्ष्णता से अभिव्यक्त हुआ है और ये कविताएँ उन तमाम नैतिकताओं, भद्रताओं से लोहा लेती हैं जिनका इस्तेमाल शासन अपनी रक्षा के लिए करता है। उनकी भाषा की सरलता और प्रवाह उन्हें लोकप्रिय कविताओं में शुमार कराती है। उनके विषयों में आम जीवन, उसके संघर्ष और प्रतिरोध के सभी चित्र मौजूद हैं।

धूमिल का 39 वर्ष की अल्पायु में ब्रेन ट्यूमर से निधन हो गया। उनके जीवनकाल में उनका एक ही काव्य-संग्रह 'संसद से सड़क तक' (1972) प्रकाशित हो सका था। मरणोपरान्त उनके दो अन्य संग्रह 'कल सुनना मुझे' (1977) और 'सुदामा पाण्डे का प्रजातन्त्र' (1984) संकलित हुए। गद्य विधा में उनकी सात कहानियाँ और दर्जनाधिक निबन्ध विभिन्न पत्र-पत्रिकाओं में प्रकाशित हुए हैं। उनकी डायरी, पत्रों और उन पर लिखे गये संस्मरणों से उनके व्यक्तित्व पर प्रकाश पड़ता है। इसके साथ ही ये उनकी कविताओं तक पहुँच के 'टूल्स' के रूप में भी काम आते हैं। इसके साथ ही उन्होंने अनुवाद और नाट्यलेखन में भी अपनी प्रतिभा दिखाई।

उनके मरणोपरान्त 'कल सुनना मुझे' काव्य संग्रह के लिए उन्हें वर्ष 1979 के साहित्य अकादेमी पुरस्कार से सम्मानित किया गया।

रोटी और संसद

●

सुदामा पाण्डे 'धूमिल'

एक आदमी
रोटी बेलता है
एक आदमी रोटी खाता है
एक तीसरा आदमी भी है
जो न रोटी बेलता है, न रोटी खाता है
वह सिर्फ रोटी से खेलता है
मैं पूछता हूँ–
'यह तीसरा आदमी कौन है?'
मेरे देश की संसद मौन है।

अटलबिहारी वाजपेयी

अटलबिहारी वाजपेयी (25 दिसम्बर, 1924—16 अगस्त, 2018) भारत के तीन बार के प्रधानमन्त्री थे। वे पहले 16 मई से 1 जून, 1996 तक तथा 1998 में और फिर 19 मार्च, 1999 से 22 मई, 2004 तक भारत के प्रधानमन्त्री रहे। वे हिन्दी कवि, पत्रकार व एक प्रखर वक्ता थे। वे भारतीय जनसंघ के संस्थापकों में एक थे और 1968 से 1973 तक उसके अध्यक्ष भी रहे। उन्होंने लम्बे समय तक राष्ट्रधर्म, पाञ्चजन्य (पत्र), वीर अर्जुन राष्ट्रीय भावना से ओत-प्रोत अनेक पत्र-पत्रिकाओं का सम्पादन भी किया।

वह चार दशकों से भारतीय संसद के सदस्य थे, लोकसभा, (निचले सदन), दस बार और दो बार राज्यसभा (ऊपरी सदन) के लिए चुने गये थे। उन्होंने लखनऊ के लिए संसद सदस्य के रूप में कार्य किया, 2009 तक उत्तर प्रदेश जब स्वास्थ्य सम्बन्धी चिन्ताओं के कारण सक्रिय राजनीति से सेवानिवृत्त हुए। अपना जीवन राष्ट्रीय स्वयंसेवक संघ के प्रचारक के रूप में आजीवन अविवाहित रहने का संकल्प लेकर प्रारम्भ करने वाले वाजपेयी राष्ट्रीय जनतान्त्रिक गठबन्धन (राजग) सरकार के पहले प्रधानमन्त्री थे, जिन्होंने गैर काँग्रेस प्रधानमन्त्री पद के पाँच वर्ष बिना किसी समस्या के पूरे किये। आजीवन अविवाहित रहने का संकल्प लेने के कारण इन्हें भीष्म पितामह भी कहा जाता है। उन्होंने 24 दलों के गठबन्धन से सरकार बनायी थी, जिसमें 81 मन्त्री थे।

2005 से वे राजनीति से संन्यास ले चुके थे और नयी दिल्ली में 6-ए कृष्णामेनन मार्ग स्थित सरकारी आवास में रहते थे। 16 अगस्त, 2018 को एक लम्बी बीमारी के बाद अखिल भारतीय आयुर्विज्ञान संस्थान, नयी दिल्ली में श्री वाजपेयी का निधन हो गया। वे जीवन भर भारतीय राजनीति में सक्रिय रहे।

कदम मिलाकर चलना होगा

•

अटलबिहारी वाजपेयी

बाधाएँ आती हैं, आएँ,
घिरें प्रलय की घोर घटाएँ
पाँवों के नीचे अंगारे,
सिर पर बरसें यदि ज्वालाएँ
निज हाथों से हँसते-हँसते,
आग लगा कर जलना होगा।
कदम मिलाकर चलना होगा।

हास्य-रुदन में, तूफानों में,
अमर असंख्यक बलिदानों में,
उद्यानों में, वीरानों में,
अपमानों में, सम्मानों में,
उन्नत मस्तक, उभरा सीना,
पीड़ाओं में पलना होगा।
कदम मिलाकर चलना होगा।

उजियारे में, अंधकार में,
कल कछार में, बीच धार में,
घोर घृणा में, पूत प्यारे में,
क्षणित जीत में, दीर्घ हार में
जीवन के शत-शत आकर्षक,

अरमानों को दलना होगा।
कदम मिलाकर चलना होगा।

सम्मुख फैला अमर ध्येय पथ,
प्रगति चिरन्तन कैसा इति अथ,
सुस्मित हर्षित कैसा श्रम श्लथ,
असफल-सफल समान मनोरथ,
सब कुछ देकर कुछ न माँगते,
पावस बनकर ढलना होगा।
कदम मिलाकर चलना होगा।

कुश काँटों से सज्जित जीवन,
प्रखर प्यार से वंचित यौवन,
नीरवता से मुखरित मधुवन,
परहित अर्पित अपना तन-मन,
जीवन को शत-शत आहुति में,
जलना होगा, गलना होगा।
कदम मिलाकर चलना होगा।

■■■